W0172955

Kinderlexikon Natur & Technik

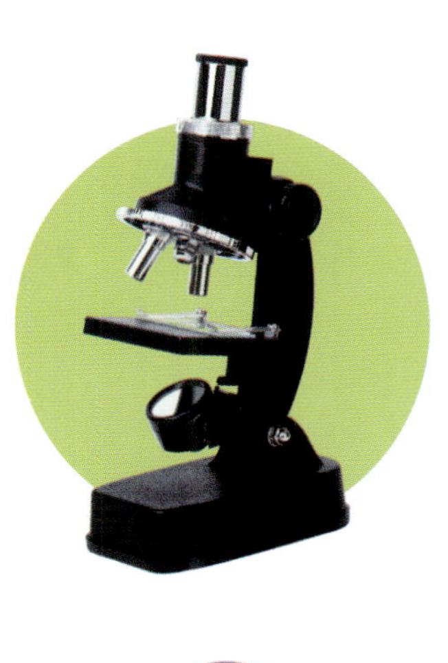

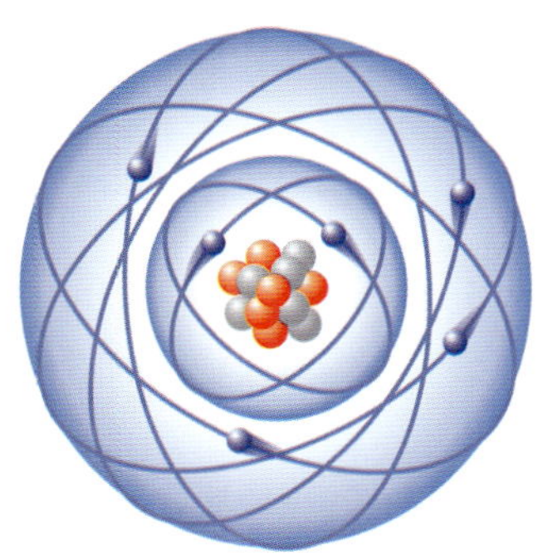

DORLING KINDERSLEY

DORLING KINDERSLEY
London, New York, Melbourne, München und Delhi

Lektorat Carrie Love, Caroline Stamps und Ben Morgan
Leitung Gestaltung Rachael Smith
Gestaltung Gemma Fletcher, Hedi Gutt, Laura Roberts-Jensen, Mary Sandberg, Poppy Joslin
Redaktion Lorrie Mack, Alexander Cox, Wendy Horobin, Joe Harris
Bildrecherche Liz Moore
Fachliche Beratung Donald R. Franceschetti, John Farndon
Producer White-Thomson Publishing Ltd., Big Blue und Bookwork
Projektleitung Bridget Giles
Art Director Rachael Foster
Programmleitung Mary Ling
Herstellung Pip Tinsley, Clare Mclean
Umschlaggestaltung Natalie Godwin, Mariza O'Keeffe

Für die deutsche Ausgabe:
Programmleitung Monika Schlitzer
Projektbetreuung Martina Glöde
Herstellungsleitung Dorothee Whittaker
Herstellung und Covergestaltung Petra Kühner

Bibliografische Information Der Deutschen Bibliothek
Die Deutsche Bibliothek verzeichnet diese Publikation in der Deutschen Nationalbibliografie;
detaillierte bibliografische Daten sind im Internet über http://dnb.ddb.de abrufbar.

Titel der englischen Originalausgabe:
Science Encyclopedia

Übersetzung Birgit Reit

Lektorat Elke Karl

ISBN 978-3-8310-1442-2

Colour reproduction by MDP, UK
Printed and bound in China by Toppan

Besuchen Sie uns im Internet
www.dk.com

Inhalt

Die Natur erforschen

Grundlagen des Lebens

Am unteren Rand steht auf jeder linken Seite eine Frage ...

Elemente und Stoffe

Energie und Kräfte

Erde und Weltraum

Zum Nachschauen

Wegweiser durch das Buch

Was möchtest du ganz genau wissen? Auf den Seiten dieses Buches findest du besondere Elemente. Sieh genau hin und du wirst viel Interessantes erfahren!

Sieh dir die Bilder in den Kapiteln an, um die Antworten auf das **Wissens-Quiz** zu finden.

Mehr Wissen sagt dir, wo du mehr Informationen zu einem Thema findest.

Farbige Balken auf jeder Seite zeigen das Kapitel an, zu dem sie gehören.

Interessant! Diese Kreise verraten besonders seltsame und erstaunliche Tatsachen.

Die Natur erforschen

Naturforscher suchen nach Wahrheit und Wissen. Sie wollen möglichst viel über das Leben und das Universum erfahren. Da aber niemand alles wissen kann, gibt es Spezialisten für verschiedene Gebiete.

Atome und Weltall

Forscher untersuchen viele Dinge, angefangen bei den winzigen Atomen, aus denen alle Dinge bestehen, bis hin zu den riesigen Weiten des Weltalls.

Alles, was wir sehen, besteht aus winzig kleinen Atomen.

Die Lebewesen

Wie wachsen Lebewesen, wo leben sie, wovon ernähren sie sich und wie funktioniert ihr Körper? Mit diesen Fragen beschäftigt sich die Biologie, die Wissenschaft vom Leben. Sie untersucht Bakterien, Pflanzen, Tiere – und Menschen!

Die Wissenschaft von den Pflanzen nennt man Botanik.

Kräfte und Energien

Die Wissenschaft, die sich Physik nennt, beschäftigt sich mit Kraft und Energie. Es gibt verschiedene Arten von Energie, z. B. Licht, Wärme und Schall. Kräfte bewirken, dass alle Dinge an ihrem Platz bleiben. Ohne die Schwerkraft würdest du z. B. ins Weltall davonschweben!

Wir können die Energie dorthin schicken, wo sie gebraucht wird.

Die Biologie, auch Wissenschaft vom Leben genannt, untersucht die Lebewesen auf der Erde.

Wie nennt man die Wissenschaft von den Tieren?

Erde und Weltraum

Die Erde ist nur ein winziger Punkt im Universum, das mit unzähligen Planeten, Monden, Sonnen und Galaxien bevölkert ist. Immerhin ist sie der einzige bekannte Ort, an dem es Leben gibt. Forscher studieren den Aufbau unseres Planeten und aller Himmelskörper im Weltraum.

Die Wissenschaft von den Vulkanen heißt Vulkanologie.

Ein Zweig der Naturwissenschaft, die Chemie, beschäftigt sich mit der Frage, wie Stoffe sich verändern.

Stoffe

Die Welt ist voller Atome und Elemente, Moleküle, Gemische und Verbindungen. Forscher untersuchen, wie sie sich verhalten, wie wir sie verwenden können und wie sie miteinander reagieren.

Wir ändern die Welt

Die Menschen entdecken immer wieder neue Dinge, weil sie ihr Leben verbessern wollen. Die Wissenschaft treibt uns voran und verändert die Welt – durch die Erfindung des Rades genauso wie durch Raketen, die in den Weltraum fliegen.

Durch Weltraumaufnahmen von der Erde lernen Wissenschaftler unseren Planeten genauer kennen.

Fortschritte

Alle großen Forscher wollten nur die Rätsel des Lebens lösen. Ihr Wissensdurst führte zu vielen großen Erfindungen und Entdeckungen.

Johannes Gutenberg (1400–1468)

Gutenberg entwickelte in Europa den Buchdruck mit beweglichen metallenen Lettern und die mechanische Druckerpresse. Im Vergleich zum vorher üblichen Holzdruck war seine Druckerpresse viel schneller, genauer und haltbarer.

Als erstes Buch druckte Gutenberg 1455 eine Bibel.

Newton erkannte die Schwerkraft, als ihm ein Apfel auf den Kopf fiel.

Isaac Newton (1642–1727)

Newton interessierte sich für Licht und Kräfte. Er erkannte, dass es eine Kraft geben muss, die die Planeten auf ihrer Umlaufbahn hält. Wir kennen sie heute als Schwerkraft. Er entdeckte außerdem, dass weißes Licht aus allen Farben des Regenbogens besteht.

1400 1500 1600

Hölzernes Modell von da Vincis Flugapparat

Leonardo da Vinci (1452–1519)

Da Vinci war ein Maler und Erfinder. Er zeichnete Pläne für Hubschrauber, Flugzeuge und Fallschirme. Leider konnte er mit den technischen Mitteln seiner Zeit keine Geräte bauen, die wirklich funktionierten.

Galileo Galilei (1564–1642)

Galilei beobachtete das Sonnensystem durch ein Teleskop und bewies, dass die Erde sich um die Sonne dreht. Einige weise Denker hatten das seit Langem vermutet, aber die meisten Menschen hielten damals die Erde für den Mittelpunkt des Universums.

Teleskop aus dem 17. Jahrhundert

Wo wurde Gutenberg geboren?

Mit einem Drachen lernte Franklin viel über Blitze und Elektrizität.

Interessant!

Schon vor über 2000 Jahren empfahl der griechische Denker Aristoteles, die Natur zu beobachten und Ideen durch Experimente zu überprüfen.

Erfindungen

Erfindungen und Entdeckungen haben den Lauf der Geschichte verändert.

Rad (3500 v. Chr.) Das Rad wurde zum ersten Mal in Mesopotamien verwendet.

Papier (50 v. Chr.) Die Erfindung wurde in China lange Zeit geheim gehalten.

Kompass (1190) Chinesen erfanden den magnetischen Kompass.

Fallschirm (1783) Nach den Plänen da Vincis dauerte es viele Jahre, bis der erste flog.

Dampfeisenbahn (1829) Der erste funktionierende Zug erreichte 48 km/h.

Farbfoto (1861) Eine Erfindung des Physikers James Clerk Maxwell.

Benjamin Franklin (1706–1790)

Der Amerikaner Benjamin Franklin experimentierte mit Blitzen und Elektrizität. Seine Forschungen aus dem 18. Jh. sind die Basis für alles, was mit Elektrizität zu tun hat.

Franklin riskierte bei Gewittern oft sein Leben.

Louis Pasteur (1822–1895)

Er erfand das Verfahren der Pasteurisierung (dabei werden Bakterien, z. B. in Milch, durch Erhitzen abgetötet), Pasteur erkannte, dass Bakterien Krankheiten verursachen. Er forderte saubere Krankenhäuser, damit die Keime sich nicht ausbreiten.

1700

1800

Wilhelm Herschel (1738–1822)

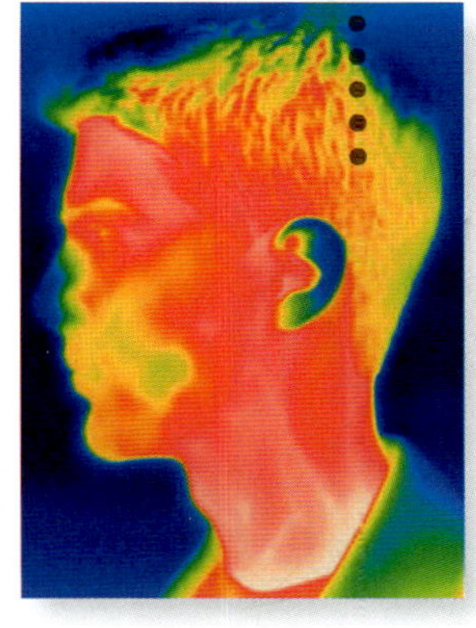

Herschel ist berühmt, weil er den Planeten Uranus entdeckte. Zudem entdeckte er die Infrarotstrahlung, die heute für drahtlose Übertragungen, bei Wettervorhersagen, in Nachtsichtgeräten und in der Astronomie eingesetzt wird.

Wilhelm Conrad Röntgen (1845–1923)

Röntgen entdeckte am 8. November 1895 die elektromagnetische Strahlung (die nach ihm benannt wurde). Dafür erhielt er im Jahr 1901 den ersten Nobelpreis für Physik.

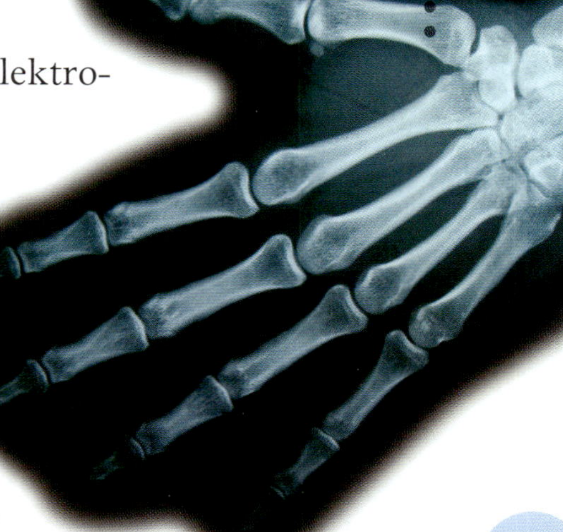

Mit Röntgenstrahlen sehen Ärzte ins Innere des Körpers.

Nach Edisons Vorarbeit wurden Filmprojektoren schnell weiterentwickelt.

Ein früher Filmprojektor

Thomas Edison (1847–1931)

Thomas Alva Edison kann über 1000 Erfindungen vorweisen, darunter die Glühbirne, die Batterie und den Filmprojektor.

Karl Landsteiner (1868–1943)

Der in Österreich geborene Arzt entdeckte die vier Blutgruppen – A, B, AB und 0. So schuf er die Grundlage für die heutige Einteilung der Blutgruppen.

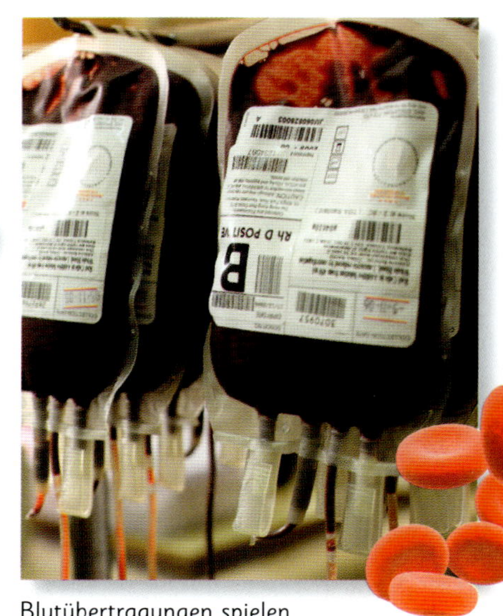

Blutübertragungen spielen in der Medizin heute eine sehr wichtige Rolle.

Die Blutgruppe erbt man von seinen Eltern.

Rote Blutkörperchen

Orangensaft enhält sehr viel Vitamin C.

Albert Szent-Györgyi (1893–1986)

Der ungarische Wissenschaftler entdeckte das Vitamin C. Zudem erforschte er als einer der Ersten die Funktion der Muskeln. Im Jahr 1937 erhielt er den Nobelpreis für Physiologie und Medizin.

1800

1850

Albert Einstein (1879–1955)

Die berühmte Gleichung des deutschen Physikers Albert Einstein ($E=mc^2$) zeigt den Zusammenhang zwischen Energie, Masse und Zeit, der für das Verständnis des Universums sehr wichtig ist.

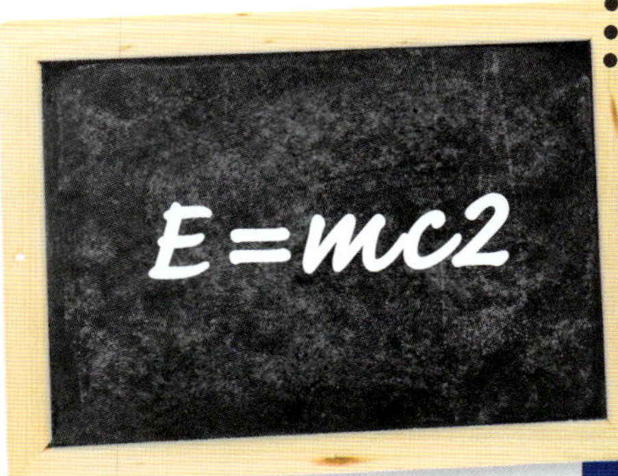

Einsteins Gleichung

Charles Richter (1900–1985)

Richter entwickelte zusammen mit seinem Kollegen Beno Gutenberg eine Skala zur Messung der Stärke von Erdbeben.

Erdbeben zerstören Wohn- und Bürogebäude.

Ein „vernichtendes" Erdbeben (8–8,9 auf der Richterskala) tritt durchschnittlich einmal pro Jahr auf.

Epizentrum

Wer erfand die Tiefkühlkost?

Alan Turing (1912–1954)

Im Zweiten Weltkrieg trug Alan Turing, ein kluger Mathematiker, zur Entwicklung von Dekodiermaschinen bei. Dies führte schließlich zur Erfindung des Computers.

Die Briten knackten im 2. Weltkrieg verschlüsselte deutsche Botschaften mit der Enigma-Maschine.

Moderne Computer sind leicht und tragbar – die ersten Computer füllten dagegen ganze Zimmer aus.

Computer (1941)

Die ersten Computer waren riesige Maschinen. Anfangs konnten sie keine komplizierten Aufgaben lösen, sondern nur eine nach der anderen.

Modernes Handy

Mobiltelefon (um 1980)

Die ersten Handys wurden aus den Funkgeräten der 40er- und 50er-Jahre entwickelt. Sie waren recht groß und wogen ca. 35 kg.

Neue Erfindungen

Ohne diese fantastischen Erfindungen sähe die Welt heute anders aus.

Antibiotika Das erste Antibiotikum, Penizillin, wurde zufällig entdeckt.

Auto Manche der frühen Modelle hatten Kohle- oder Holzfeuer-Motoren.

Kernkraft ist sehr ergiebig, aber viele Menschen halten sie für schädlich.

Kunststoffe werden u.a. für Haushaltswaren und Spielzeug verwendet.

Compact Disks (CDs) sind leicht und klein und können viele Daten speichern.

Energiesparlampen helfen uns Energie zu sparen.

1900

1950

DNA (1953)

Die Entdeckung der DNA (sie trägt die Erbinformationen) führte zu DNA-Tests, die der Polizei sehr helfen. Straftäter erkennt man an nur einem Tropfen Blut oder einem Haar.

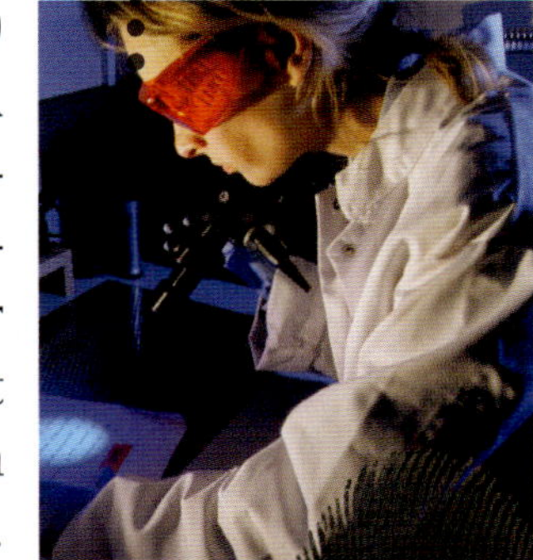

Internet (um 1990)

Das Internet entstand schon um 1960, wird aber erst seit 1990 weltweit genutzt. Heute verwenden es bereits etwa 1,5 Milliarden Menschen zum Spielen und Lernen.

Atombombe (1945)

Manche Erfindungen sind schrecklich, wie die Atombomben, die die USA im Zweiten Weltkrieg über Japan abwarfen. Sie töteten 300 000 Menschen.

Bevor es DNA-Tests gab, verwendete die Polizei Fingerabdrücke zur Erkennung von Tätern.

Clarence Birdseye, im Jahr 1924.

Was tun Forscher?

Weil bei Experimenten oft giftige Gase oder Chemikalien entstehen, tragen Forscher Schutzbrillen.

Forscher untersuchen die Welt um uns herum. Sie versuchen, Antworten auf noch offene Fragen zu finden. Dabei konzentriert sich jeder auf ein ganz bestimmtes Fachgebiet.

Testen, testen und wieder testen

Forscher überprüfen ihre Ideen mit Tests, den sogenannten Experimenten. In diesem Buch kannst du selbst viele Experimente durchführen – die Kreise „Probier's aus!“ beschreiben, wie's geht.

Die Mischung macht's

Experimente, bei denen Chemikalien miteinander reagieren, enden mal gut, mal weniger gut. Manche Mischungen sind gefährlich, andere dagegen genau das, wonach die Forscher gesucht haben.

Wie stark können Mikroskope vergrößern?

Genau betrachtet

Hookes Mikroskop

Im 17. Jh. entwickelte der Niederländer Anton van Leeuwenhoek das Mikroskop und der Engländer Robert Hooke verfeinerte es. Die ersten Mikroskope zeigten kleine Organismen im Wasser. Mit heutigen Mikroskopen kann man sogar in das Innere von Zellen sehen.

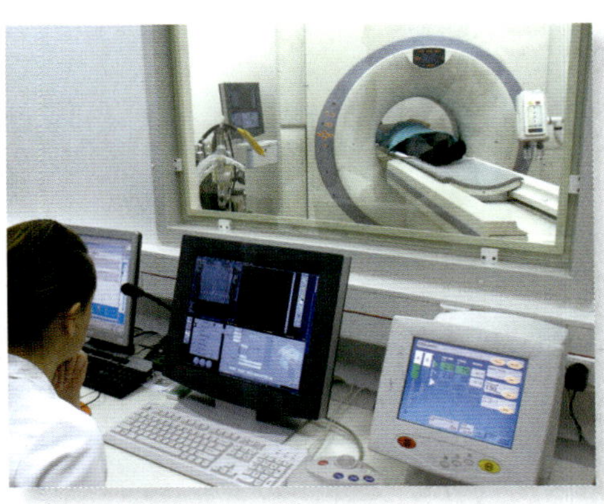

Von innen betrachtet

Mit einem Computertomografen (CT), einer riesigen Maschine, können Ärzte sehen, was im Körper vorgeht.

Probier's aus!

Fülle eine Vase mit Wasser und gib etwas Lebensmittelfarbe hinein. Schneide den Stängel einer Blume unten ein Stück ab und stelle die Blume ins Wasser.

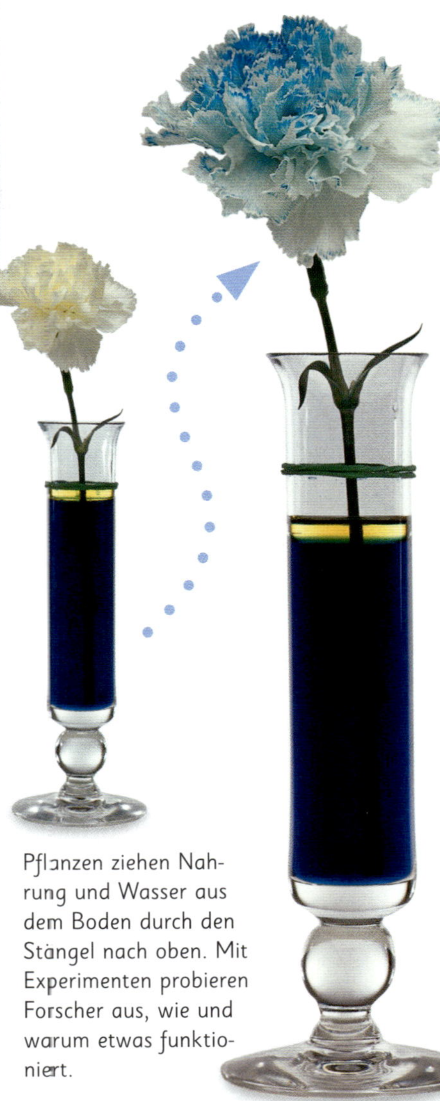

Pflanzen ziehen Nahrung und Wasser aus dem Boden durch den Stängel nach oben. Mit Experimenten probieren Forscher aus, wie und warum etwas funktioniert.

Welche Forscher gibt es?

Für fast alle Dinge auf der Welt gibt es spezielle Wissenschaftler.

Zoologen untersuchen Tiere.

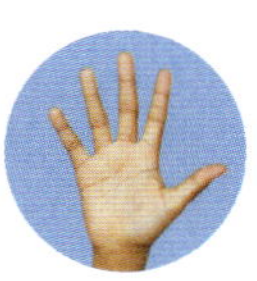

Biologen interessieren sich für Lebewesen und lebende Organismen.

Paläontologen studieren Fossilien und versuchen, aus ihnen zu lernen.

Botaniker untersuchen die verschiedenen Pflanzenarten und -gruppen.

Chemiker beschäftigen sich mit den Elementen und erzeugen neue Stoffe.

Astronomen erforschen das Weltall: die Planeten, Sterne, Galaxien usw.

Entomologen sind spezielle Zoologen, die nur Insekten erforschen.

Geologen erforschen die Erde. Dazu untersuchen sie vor allem die Gesteine.

Archäologen interessieren sich für die Überreste früherer Kulturen.

Ökologen untersuchen die Beziehungen zwischen Lebewesen und ihrer Umwelt.

Ozeanografen erforschen die Meere.

Manche Mikroskope vergrößern um das 1000-Fache!

Forschung im Alltag

Forschung wird nicht nur von Fachleuten im Labor betrieben. Viele Erfindungen begegnen uns täglich auf Schritt und Tritt, beim Zähneputzen ebenso wie beim Kochen.

Teflon
Es wurde 1938 erfunden und ist eine bestimmte Beschichtung. In Teflonpfannen brennt nichts an.

Bügeleisen

Teflonpfanne

Elektrizität
Elektrizität sorgt für gutes Licht und liefert Energie zum Kochen, Reisen, Arbeiten und für alle möglichen Aktivitäten.

Plastikbausteine

Plastik ist fantastisch!
Auch bei dir zu Hause gibt es sicher viele Dinge aus Plastik, z. B. Spielzeug. Kunststoffe sind sehr vielseitig und haltbar. Viele von ihnen lassen sich sogar wiederverwenden.

Medizinbehälter aus Plastik

Städte sind nachts hell erleuchtet.

Wie hieß der erste Weltraumsatellit?

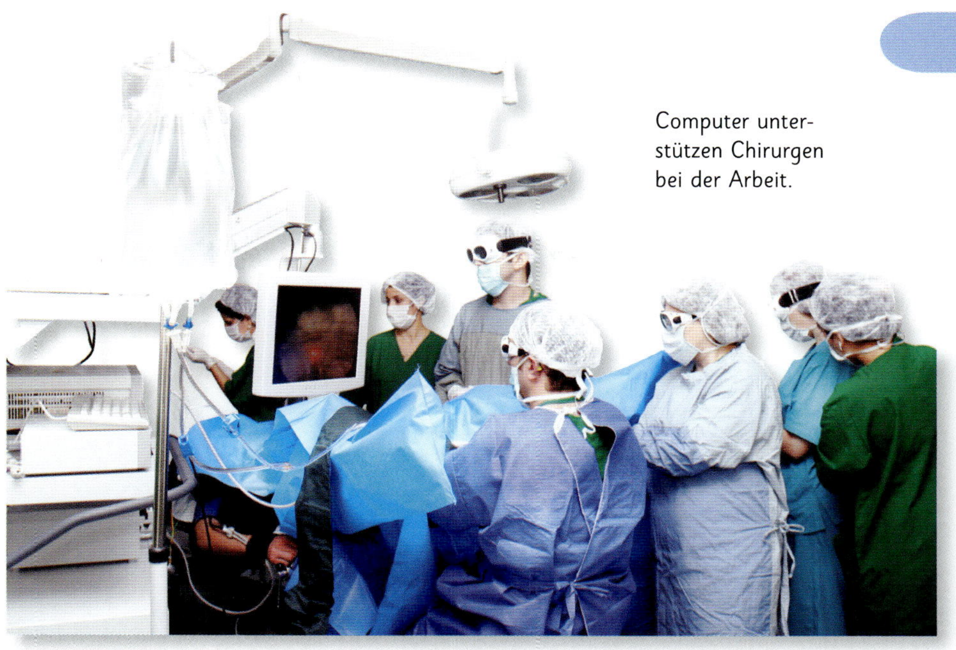

Computer unterstützen Chirurgen bei der Arbeit.

Masken, Schürzen und Handschuhe verhindern die Übertragung von Krankheitskeimen bei Operationen.

Bei bester Gesundheit

Früher waren Kräuter die einzige Medizin. Dank der modernen Wissenschaft können wir viele einstmals unheilbare Krankheiten inzwischen behandeln oder vermeiden.

Spezialkleidung

Fortschritte in der Herstellung von Sportanzügen sind im Alltag angekommen. Atmungsaktive Fasern, dehnbares Spandex und Thermounterwäsche sind aus Profisportbekleidung entstanden.

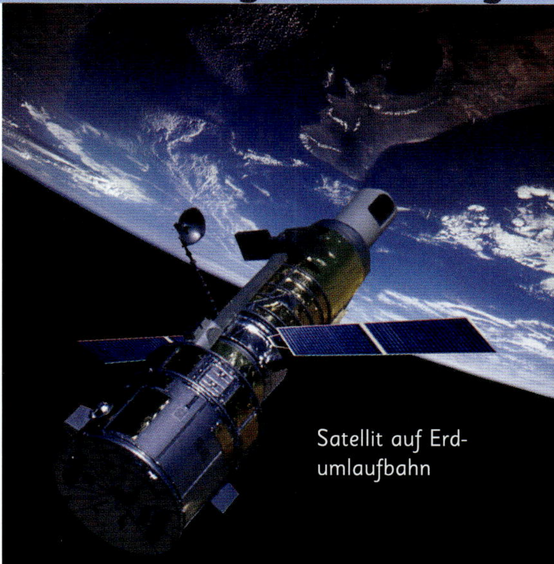

Satellit auf Erdumlaufbahn

Kommunikation

Satelliten, die die Erde umkreisen, senden uns alle möglichen Informationen, z. B. Fernsehsignale oder Wetterdaten. Sie helfen uns auch, den Weltraum zu beobachten.

Von Ort zu Ort

Wissenschaft und Technik erleichtern das Reisen. Mit Zügen, Flugzeugen und Autos können wir exotische Länder besuchen. Sie helfen uns auch, pünktlich zur Schule oder zur Arbeit zu gelangen.

So schnell wie eine Gewehrkugel ...?

Die „Bullet Trains" (Hochgeschwindigkeitszüge) in Japan erreichen 300 km/h.

Mehr wissen ...
über Gesundheit, Seite **40–41**
über Elektrizität, Seite **76–77**

Sputnik 1, er wurde 1957 von der Sowjetunion gestartet.

Die lebendige Welt

Es gibt Millionen Arten von Lebewesen. Manche sind so groß wie Elefanten oder Wale, andere dagegen so winzig, dass sie nur unter dem Mikroskop sichtbar sind.

Spinne

Libelle

Tiere

Das Tierreich gliedert sich in Tiere mit und ohne Wirbelsäule: die Wirbeltiere und die wirbellosen Tiere.

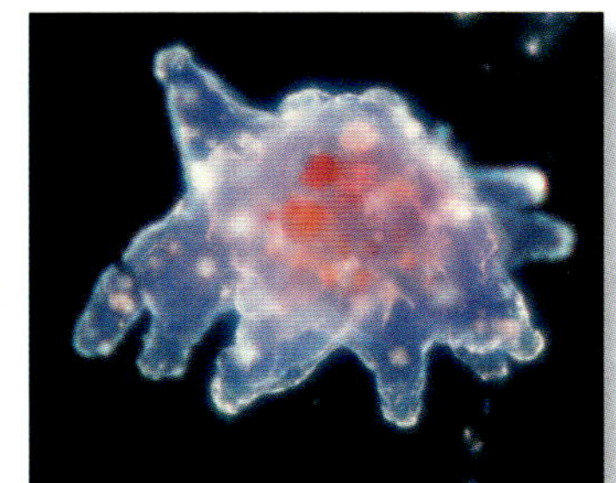

Mikroorganismen
Mikroorganismen sind winzig. Sie bestehen nur aus einer Zelle. Diese Amöbe wurde über 100-fach vergrößert.

Korallenriff

Säugetiere, Vögel, Reptilien, Amphibien und Fische sind Wirbeltiere.

Sonnenblume

Rehkitz

Welche Tiergruppe ist die größte?

Schlange

Insekten, z. B. Schmetterlinge, sind Wirbellose.

Pflanzen

Im Gegensatz zu Tieren können Pflanzen sich nicht fortbewegen. Sie müssen ihre Nahrung selbst herstellen. Die Pflanzen selbst dienen dagegen vielen Tieren und Pilzen als Nahrung.

Merkmale von Lebewesen

Lebewesen haben gemeinsame Merkmale: Sie brauchen Nahrung und Sauerstoff, sie wachsen, pflanzen sich fort und passen sich an die Umgebung an.

Pilze

Pilze (z. B. Giftpilze, Speisepilze und Schimmel) sind weder Pflanze noch Tier, haben aber mehr Ähnlichkeit mit Pflanzen.

Baumfrosch

Pilze

Wissens-Quiz

Wo sind im Kapitel „Grundlagen des Lebens“ die Bilder, zu denen diese Ausschnitte gehören?

Mehr wissen …

über Pflanzen, Seite 22–23

über Tierarten, Seite 28–29

Die Wirbellosen – zu ihnen gehören 97 Prozent aller Tierarten.

Mikroben

Die meisten Lebewesen bestehen aus nur einer Zelle. Sie sind für uns nicht sichtbar. Wer sie untersuchen will, braucht starke Mikroskope.

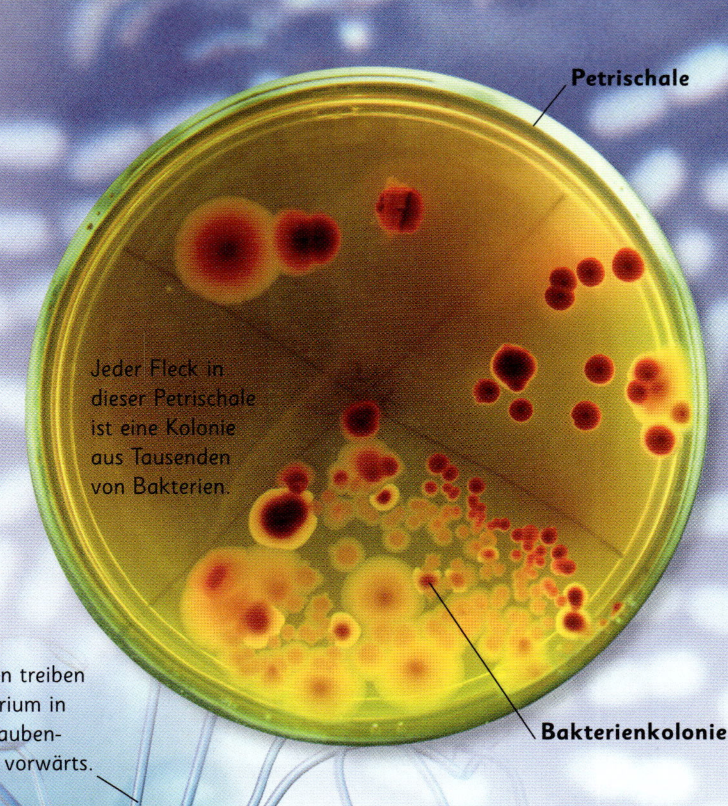

Bakterien

Bakterien sind einzellige Lebewesen. Sie kommen überall vor: im Meer, in der Luft und sogar in unserem Körper. Sie vermehren sich, indem sie sich einfach teilen. Einige Bakterien gewinnen Energie aus dem Sonnenlicht, die meisten ernähren sich aber von toten Pflanzen und Tieren.

Modell eines Bakteriums

Die Geißeln treiben das Bakterium in einer Schraubenbewegung vorwärts.

Mit diesen dünnen Haaren kann es sich an Oberflächen verankern.

Die Zelle ist mit einer geleeartigen Substanz gefüllt, die ihr hilft zu wachsen und zu arbeiten.

Bakterien haben keinen Zellkern. Ihre DNA liegt zusammengedrängt in einem „Zellkern-ersatz".

Die Zellwand schützt das Bakterium und hält es zusammen.

Schädliche Bakterien

Manche Bakterien verursachen schlimme Krankheiten wie Cholera. Gegen solche schädlichen Bakterien helfen Sauberkeit und spezielle Medikamente.

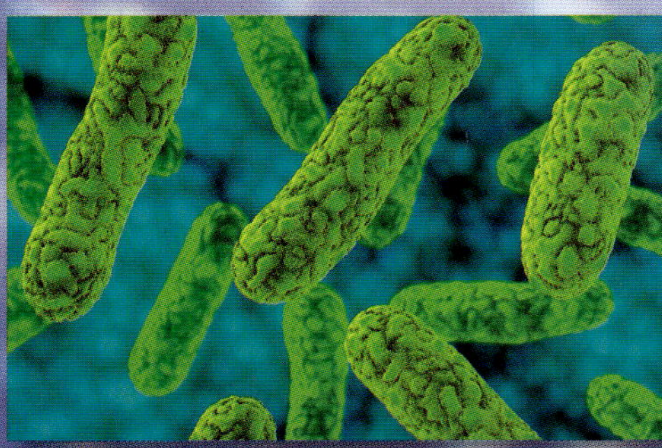

Bakterien gibt es in drei Formen: Stäbchen, Spiralen und Kugeln.

Nützliche Bakterien

Manche Bakterien sind für uns Menschen nützlich. Es gibt Darmbakterien, die uns vor Krankheiten schützen. Andere helfen bei der Herstellung von Joghurt und Käse.

Wie oft kann sich ein einziges Bakterium in 24 Stunden teilen?

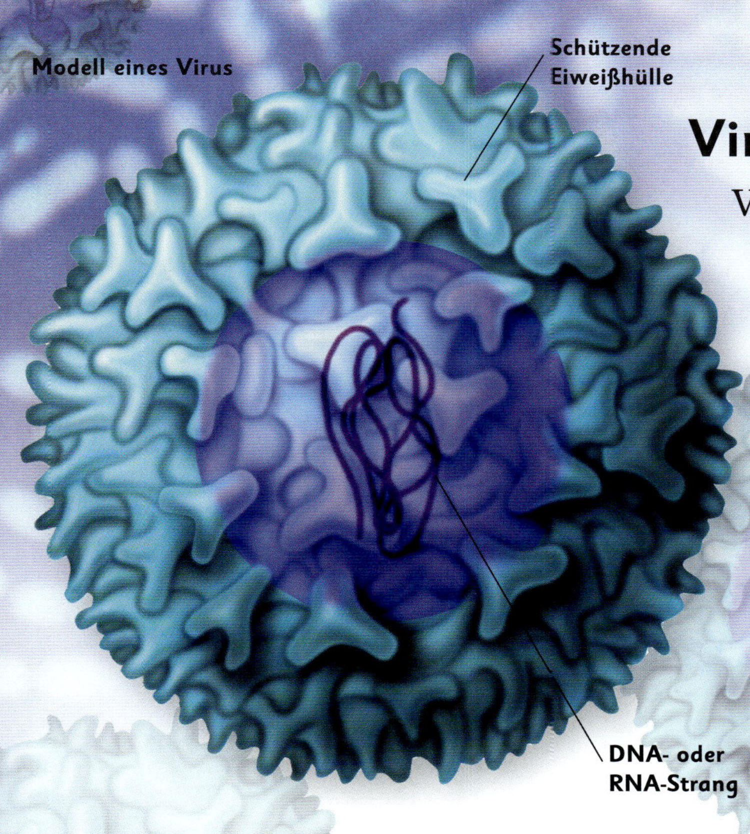

Viren

Viren sind noch viel kleiner als Bakterien und entweder kugel- oder stäbchenförmig. Viren bestehen nicht aus Zellen und sind daher eigentlich nicht lebendig. Aber wenn sie in eine Zelle eindringen, werden sie aktiv: Sie verwandeln die Zelle in eine Virenfabrik, damit sie sich vervielfältigen können.

Pflanzenviren

Pflanzenviren beeinflussen die Entwicklung der Pflanzen. Ein Virus schädigt z. B. die Pigmente in den Blütenblättern von Tulpen. An manchen Stellen wirkt das Pigment dann nicht mehr und die Tulpe sieht „gestreift" aus.

Das Streifenmuster dieser Tulpe wird von einem Virus verursacht.

Ein Virus ist schuld an diesen hellen Flecken auf den Blättern.

Impfungen

Impfungen schützen uns Menschen vor Krankheiten. Der Arzt spritzt die abgeschwächte Form eines Virus oder Bakteriums in den Körper und bereitet so das Immunsystem auf eine echte Infektion vor.

Schädliche Viren

Viren verursachen verschiedene Krankheiten.

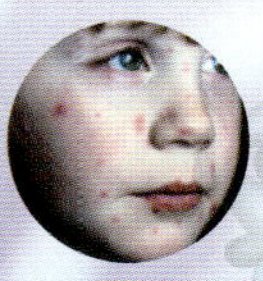
Windpocken sind sehr ansteckend. Man erkennt sie vor allem an den juckenden Flecken.

Tollwut ist ein tödliches Virus, das oft bei Tieren auftritt, auch bei Hunden.

Erkältungen mit Schnupfen, Husten und Halsweh kommen von Viren.

Protisten

Protisten sind ebenfalls einzellige Lebewesen. Es gibt viele verschiedene Formen. Einige ähneln Pilzen oder Tieren, andere den Pflanzen. Manche Protisten bilden Kolonien.

Es teilt sich 4 Trilliarden Mal.

Pilze

Speisepilze, Giftpilze, Hefen und Schimmel sind Pilze. Sie sind weder Tier noch Pflanze. Sie ernähren sich von lebenden oder toten Tieren und Pflanzen, deren Nährstoffe sie aufnehmen.

Schimmel

Diese winzig kleinen Pilze wachsen in langen Fäden, den Hyphen. Sie ernähren sich von toten Organismen (z. B. Lebensmittel), die dann anfangen zu faulen.

Die Lamellen verstreuen die Sporen.

Pilzkörper

Viele Pilze sind in der Erde oder in ihren Nahrungsquellen (z. B. in Bäumen) verborgen. Sichtbar werden sie erst, wenn sie einen Pilzkörper ausbilden. Dieser verstreut dann die Sporen, aus denen neue Pilze wachsen.

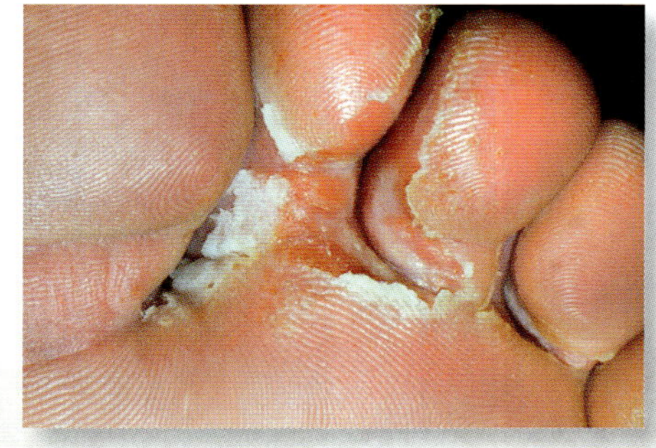

Fußpilz

Fußpilz ist eine Hautkrankheit an den Füßen, die durch einen Hautpilz verursacht wird. Die Haut zwischen den Zehen wird rot und schält sich.

Wilde Pilze sammeln

Viele wild wachsende Pilze sind sehr schmackhaft, manche sind aber auch hoch giftig! Giftpilze sind meist auffällig gefärbt. Die Farbe dient den Tieren als Warnung, sie nicht zu fressen.

Beim reifen Fliegenpilz zieht sich der Hut nach oben zusammen, sodass die Lamellen sichtbar werden.

Wo wächst der größte Pilz der Welt?

Sir Alexander Fleming (1881–1955)

Penizillin

Sir Alexander Fleming machte 1928 eine wichtige Entdeckung: Der Schimmelpilz *Penicillium notatum* erzeugt einen Stoff, der Bakterien abtötet. Dieser Stoff wird heute Penizillin genannt und dient als Medizin gegen viele Krankheiten.

Penizillin in der Petrischale

Die Bakterien ziehen sich zurück, der Fleck mit Penizillin bleibt frei.

Trüffeln

Trüffeln sind stark duftende Pilze, die unter der Erde wachsen. Ihr Geschmack ist sehr beliebt. Trüffeljäger lassen sie von Schweinen und Hunden erschnüffeln.

Weiße Trüffel

Schwarze Périgord-Trüffel

Hefe

Hefepilze sind winzig kleine, einzellige Pilze. Bei ihrer Ernährung verwandeln sie Zucker in Kohlendioxid und Alkohol. Hefe spielt beim Brotbacken eine wichtige Rolle. Das Brot geht auf, weil die Hefe Gas freisetzt.

Verwendung

Pilze werden sehr vielseitig eingesetzt.

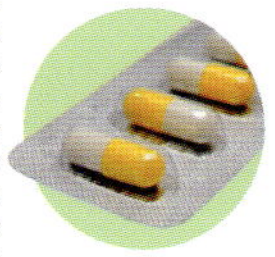

Medizin Pilze dienen als Heilmittel gegen viele Krankheiten.

Wein Hefe verwandelt Zucker in Alkohol, also z. B. Traubensaft in Wein.

Käse Blauschimmelkäse enthält den Pilz *Penicillium roquefortii.*

Sojasoße Sojabohnen und gerösteter Weizen werden mit Pilzen und Hefe versetzt.

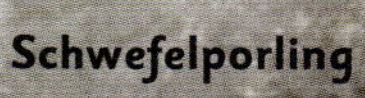

Ungeziefer Mit Pilzen kann man Insekten oder Unkraut umweltfreundlich beseitigen.

Gemeiner Safranschirmling

Schopftintling

Pfifferling

Schwefelporling

Im Malheur National Forest (USA) – er ist 8,9 km² groß.

Die Pflanzen

Pflanzen erzeugen Nahrung mithilfe von Sonnenlicht, das sie mit ihren Blättern aufnehmen. Die Wurzeln holen Nährstoffe aus der Erde und verankern die Pflanze im Boden.

Seetang
Seetang sieht wie eine Pflanze aus, ist aber eine Alge. Er hat keine Wurzeln und klebt an Felsen oder treibt im Wasser.

Aufbau von Pflanzen

Es gibt viele verschiedene Pflanzen, aber fast alle bestehen aus Wurzeln, Stängel, Blättern und Blüten.

Die Blüte lockt Insekten und Vögel zum Pollensammeln.

Die Staub- und Fruchtblätter sind die Fortpflanzungsorgane der Pflanze.

Stängel
Die Stängel stützen die Blätter und Blüten und leiten Wasser und Nährstoffe aus den Wurzeln zu den Blättern.

Blüten
Die Blüten braucht die Pflanze zur Fortpflanzung. Sie erzeugen Pollen, Samenkörner und Früchte.

Wurzeln
Die Wurzeln verankern die Pflanze. Sie reichen tief ins Erdreich, geben ihr Halt und saugen Nährstoffe aus dem Boden.

Blätter
Die Blätter sind die Kraftwerke der Pflanze. Sie fangen das Sonnenlicht auf.

Seerosen
Die flachen Blätter der Seerose treiben an der Oberfläche, doch ihre Wurzeln reichen tief in den Seegrund.

Interessant!
Die Venusfliegenfalle bezieht ihre Energie nicht nur von der Sonne. Sie lockt Insekten an und frisst sie. Lecker!

Welche Pflanze hat die längsten Blätter?

Verschiedene Arten

Wenn man sich einmal genauer umsieht, erkennt man schnell, dass nicht alle Pflanzen gleich sind.

Farnblätter rollen sich beim Wachsen aus.

Farne

Farne lieben es feucht und schattig. Sie haben gezackte Blätter und verbreiten sich durch Sporen.

Die meisten Nadelbäume sind immergrün.

Moose

Moose lieben Feuchtigkeit und wachsen in Klumpen. Sie haben weder Wurzeln noch Blüten.

Es gibt über 12 000 Moosarten.

Nadelbäume

Bei Nadelbäumen reifen die Samen in Zapfen. Ihr Name kommt von der Form ihrer Blätter.

Bäume kann man an der Blattform erkennen.

Eschenblatt

Ahornblatt

Scharlach-Eichenblatt

Blütenpflanzen

Das ist die größte Pflanzengruppe. Sie haben Blüten, Früchte und Samen und entwickeln sich mit dem Lauf der Jahreszeiten.

Regenwald
Diese feuchtwarmen Wälder beherbergen fast die Hälfte aller Pflanzenarten.

Laubabwerfend
Pflanzen, die Blätter abwerfen, sparen Energie und überleben Trockenzeiten.

Die Blätter der Raffiapalme werden bis zu 24 m lang.

Was tun Pflanzen?

Mit einem erstaunlichen System stellen Pflanzen ihre Nährstoffe selbst her.

Fotosynthese

Der grüne Blattfarbstoff Chlorophyll fängt das Sonnenlicht ein. Mit dessen Energie werden Wasser und Kohlendioxid in Zucker umgewandelt.

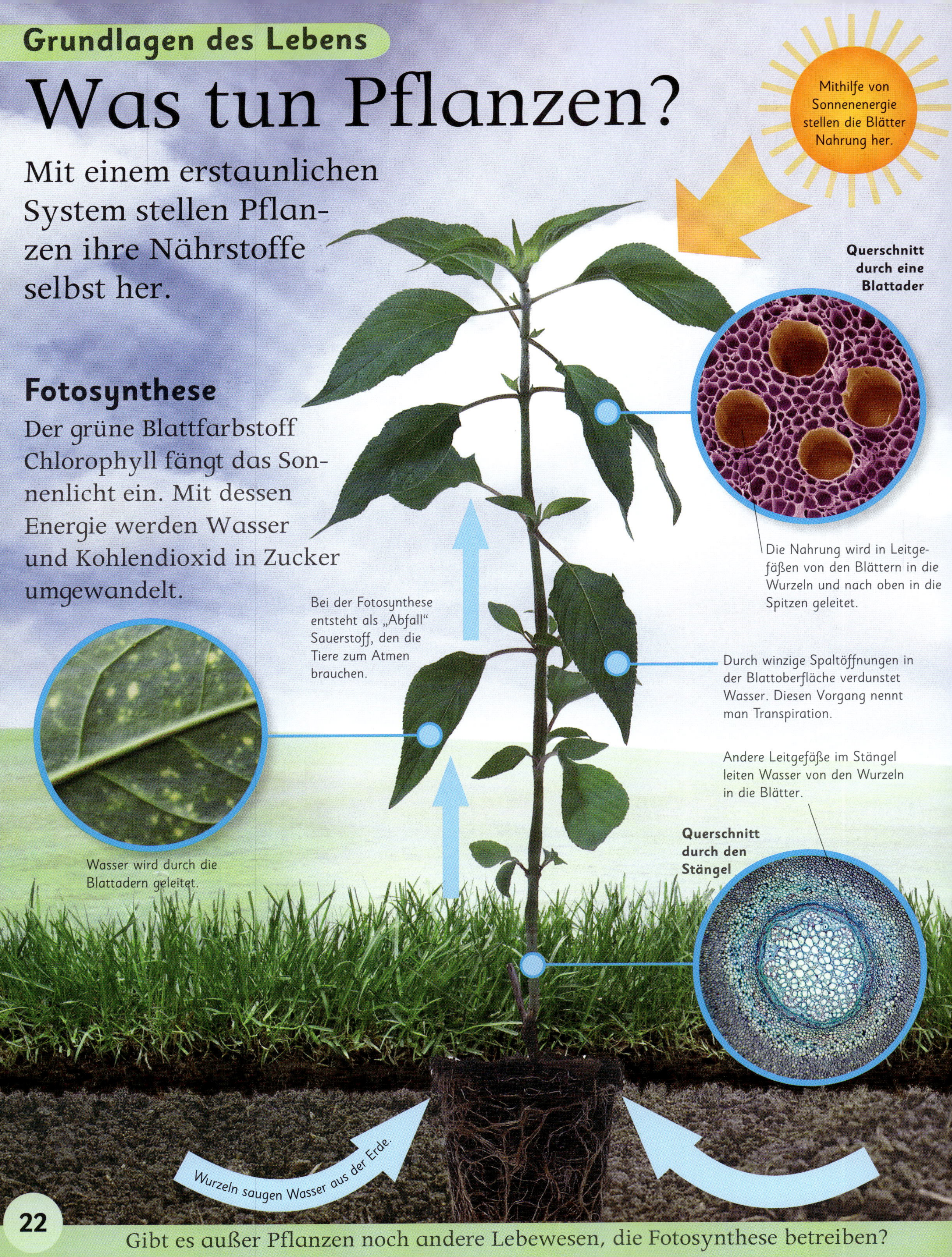

Gibt es außer Pflanzen noch andere Lebewesen, die Fotosynthese betreiben?

Wachsen und gedeihen

Zucker und Stärke dienen als Brennstoff. Sie werden in die Zellen transportiert und verbrannt. So entsteht Energie, mit der neue Zellen wachsen und alte repariert werden.

Welkende Blätter

Wenn Pflanzen an heißen Tagen durch ihre Blätter zu viel Wasser verdunsten, werden die Blätter schlapp, d. h. sie welken. Wenn die Pflanzen dann nicht genug Wasser bekommen, vertrocknen die Blätter und sterben ab.

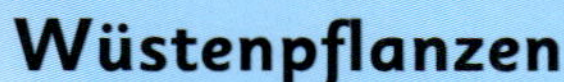

Wüstenpflanzen

Pflanzen in trockenen Gebieten müssen Wasser sparen. Viele haben dicke, mit Wachs überzogene Blätter, damit kein Wasser verdunsten kann. Kakteen haben ihre Blätter in Dornen umgewandelt. In den dicken Stämmen speichern sie Wasser.

Nährstoffe speichern

Überschüssige Nährstoffe werden gespeichert. Hyazinthen tun dies am Blattansatz, der zu einer Zwiebel anschwillt. Die Zwiebel überlebt den Winter und treibt im Frühling neue Blätter aus.

Probier's aus!

Stelle einen Stängel Sellerie in gefärbtes Wasser (Lebensmittelfarbe!). Wenn du den Stängel nach zwei Stunden durchschneidest, erkennst du winzige Farbflecken. Dort sind die Wasserleitungen.

Ja, viele Bakterien stellen ihre Nahrung auch durch Fotosynthese her.

Fortpflanzung

Die meisten Pflanzen wachsen aus Samen. Wenn sie ausgewachsen sind, stellen sie selbst Samen her und der Kreislauf beginnt von Neuem …

Staubblätter

Fruchtknoten

Blütenblatt

Pollen übertragen

Der feine Pollenstaub ist für die Fortpflanzung sehr wichtig. Er wird vom Wind von Blüte zu Blüte getragen oder bleibt an Insekten und Vögeln hängen, die mit ihm zu anderen Blüten fliegen.

Farbe und Duft der Blüte locken Insekten an.

Blüten befruchten

Die weiblichen Teile der Blüte mit den Eizellen sind von männlichen Teilen umringt, die den Pollen hervorbringen. Samenkörner entwickeln sich, wenn die Eier von den Pollen einer anderen Blüte bestäubt, d. h. befruchtet werden.

Bienen haben Pollensäcke an den Beinen.

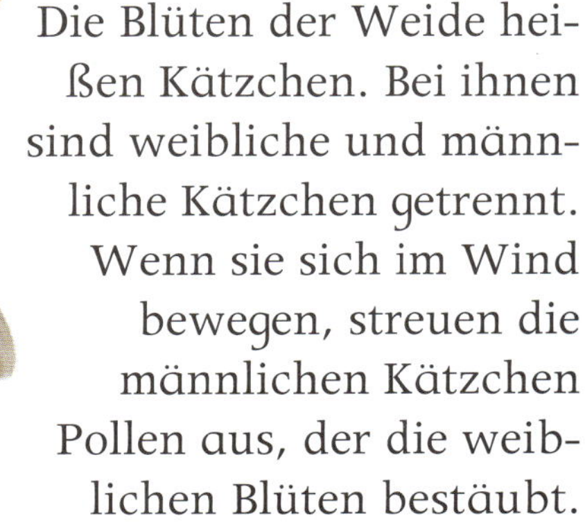

Windbestäubung

Die Blüten der Weide heißen Kätzchen. Bei ihnen sind weibliche und männliche Kätzchen getrennt. Wenn sie sich im Wind bewegen, streuen die männlichen Kätzchen Pollen aus, der die weiblichen Blüten bestäubt.

Früchte und Samen

Nach der Befruchtung schwillt der Fruchtknoten an und bildet die Frucht. Es gibt süße, fleischige Früchte, aber auch trockene und harte – das ist je nach Art verschieden.

Samen verstreuen

Auch hier gibt es wieder viele Möglichkeiten:

Löwenzahnsamen haben winzige Fallschirme, die der Wind wegträgt.

Ahornsamen haben Flügel, mit denen sie sanft zu Boden schweben.

Kletten hängen sich an das Fell von Tieren und werden weit weggetragen.

Tiere fressen Früchte und lassen dabei Samen zu Boden fallen.

Neues Leben

Samenkörner enthalten alles, was eine neue Pflanze braucht. Mit genügend Nährstoffen, Wasser und Licht treiben sie Wurzeln und einen kleinen Schössling aus.

Samenkorn

Das Samenkorn beginnt zu wachsen.

Schössling

Wurzeln

Eine neue Pflanze bildet sich.

Zum Davonlaufen

Nicht alle Pflanzen entwickeln sich aus Samenkörnern. Die Erdbeere bekommt lange Ausläufer, die sich über den Boden ausbreiten. Wo der Ausläufer den Boden berührt, bilden sich Wurzeln und eine neue Rosette, die zu einer Pflanze heranwächst.

Fülle etwas Erde in ein Glas oder eine Dose und stecke Samenkörner hinein. Gieße sie regelmäßig und beobachte, wie sie wachsen. Bald entsteht ein kleiner Garten!

Sporen sind die Samenkörner von Pilzen und Algen.

Die Tiere

Ein wichtiges Merkmal von Tieren – im Gegensatz zu Pflanzen – ist, dass sie sich fortbewegen können. Außerdem müssen Tiere andere Lebewesen fressen, um zu überleben. Hier siehst du, was Tiere alles können.

Weißkopfseeadler

Futter

Alle Tiere brauchen Futter zum Überleben. Es gibt Fleischfresser, Pflanzenfresser und Allesfresser, die sowohl Pflanzen als auch Tiere verzehren können.

Grauhörnchen fressen Samen, Nüsse, Früchte und Pilze.

Fortbewegung

Viele Tiere haben Muskeln, mit denen sie sich auf verschiedene Weise fortbewegen können.

Fliegen Vögel schlagen mit den Flügeln oder gleiten auf Luftströmungen.

Schwimmen Dazu bewegen Tiere ihre Flossen und ihren Körper.

Schlängeln Schlangen bewegen sich seitlich oder auf und ab.

Gehen und laufen Viele Tiere haben Beine zum Gehen und Rennen.

Strecken Seeanemonen strecken ihre Tentakel aus, um Beutetiere zu stechen.

Reine Nervensache

Nerven übertragen Informationen von den Sinnesorganen. Die meisten Tiere haben ein Gehirn, das diese Informationen überwacht. Die Nerven übertragen auch Befehle vom Gehirn an die Organe und Muskeln, z. B. zum Stehenbleiben, Angreifen oder Weglaufen.

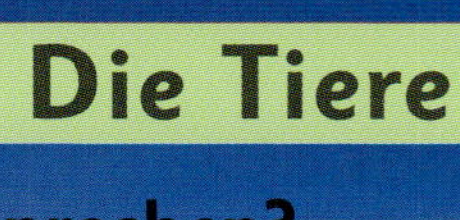

Nach einer üppigen Mahlzeit brauchen Pythons oft monatelang keine Nahrung!

So entstehen Tierbabys

Bei den meisten Tieren werden die weiblichen Eier von männlichen Samen befruchtet. Manche Tiere gebären ihre Babys selbst, andere legen Eier.

Vögel legen Eier mit harter Schale. Nach der Brutzeit schlüpfen daraus Küken.

Vogelküken müssen sich selbst aus dem Ei befreien.

Können Tiere sprechen?

Viele Tiere können sich gegenseitig Botschaften senden.

Die meisten Käfer senden ihren Artgenossen „Signale" über bestimmte Duftstoffe.

Honigbienen teilen sich laufend Neuigkeiten mit. Als Wegbeschreibung dienen bestimmte Tänze.

Giraffen haben sieben Halswirbel, wie die meisten anderen Säugetiere auch. Ihre sind nur viel länger.

Affen kreischen, um sich gegenseitig zu warnen.

Das weiß niemand so genau. Bisher wurden etwa 1,8 Millionen entdeckt.

Die Tierarten

Es gibt so viele verschiedene Arten von Tieren, dass die Forscher sie in Gruppen einteilen, damit sie den Überblick behalten. Säugetiere, Vögel, Reptilien, Amphibien und Fische sind Wirbeltiere. Alle Krabbeltiere sind Wirbellose.

Echse

Schildkröte

Reptilien

Reptilien haben meist trockene, schuppige Haut und leben an Land. Fast alle Reptilien legen Eier.

Zebra

Wolf

Säugetiere

Säugetiere haben oft ein Fell. Die meisten bringen Babys zur Welt, die gleich nach der Geburt bei ihrer Mutter Milch saugen. Menschen gehören zu den Säugetieren.

Hirschkalb

Löwenbaby

Maus

Wie heißt das einzige Säugetier, das fliegen kann?

Papagei

Vögel

Alle Vögel haben Flügel und fast alle können fliegen. Sie haben Federn und einen Schnabel. Die Küken schlüpfen aus Eiern.

Strauße können zwar sehr schnell laufen, aber nicht fliegen.

Amphibien

Amphibien können im Wasser und an Land leben. Ihre Haut ist oft schleimig. Amphibienbabys schlüpfen aus geleeartigen Eiern.

Frosch

Salamander

Fische

Fische können nur im Wasser leben. Ihre Haut ist schuppig und sie atmen durch Kiemen. Fische bewegen sich mithilfe der Flossen.

Ohne Wirbelsäule

Tiere ohne Wirbelsäule werden als Wirbellose bezeichnet. Auch von ihnen gibt es viele verschiedene Arten:

Insekten, Spinnen- und Krebstiere gehören zur Gruppe der Gliederfüßer.

Schnecken bilden die Gruppe der Bauchfüßer (Gastropoden).

Würmer haben lange, weiche Körper ohne Beine. Sie lieben Feuchtigkeit.

Quallen, Seesterne und Schwämme sind wirbellose Wassertiere.

Tintenfische leben im Meer. Sie haben acht oder zehn Arme.

Schmetterling

Marienkäfer

Insekten

Die Insekten sind die artenreichste Tiergruppe. Sie können fast überall leben. Insekten haben sechs Beine und ihr Körper ist deutlich sichtbar in drei Teile gegliedert.

Fledermaus.

Fortpflanzung

Fortpflanzung bedeutet, dass Tiere Junge bekommen. Meist geschieht das, wenn sich Männchen und Weibchen paaren.

Makakenmutter mit Baby

Säugetiere

Nach der Paarung entwickelt sich die befruchtete Eizelle im Bauch der Mutter. Säugetiere werden erst geboren, wenn sie voll entwickelt sind.

Zebramutter mit Baby

Hilflose Wesen

Die Babys von Affen und Menschenaffen müssen jahrelang versorgt und gepflegt werden.

Ein Elefantenbaby bleibt zwei Jahre im Bauch!

Familienbande

Abgesehen von den Menschen, kümmern sich Elefanten am längsten um ihren Nachwuchs.

Wie alle Säugetierbabys trinken Elefantenkinder bei der Mutter Milch.

Mehr wissen …

über Fortpflanzung bei Pflanzen, Seite **24–25**

über Vererbung, Seite **32–33**

Welches Tier legt die größten Eier?

Schlüpfbabys

Fast alle Vögel, Fische, Insekten und Reptilien legen Eier – manche nur eines, andere mehrere Millionen!

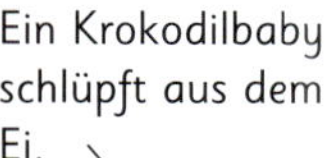

Ein Krokodilbaby schlüpft aus dem Ei.

Jung und frei

Schildkrötenbabys schlüpfen im Sand und müssen dann selbst den Weg ins Meer finden.

Sicher im Beutel

Känguruweibchen haben am Bauch einen Beutel. Das winzige Baby kriecht nach der Geburt dort hinein. Es wird noch etwa drei Monate lang mit Milch versorgt, um zu wachsen.

Veränderungen

Manche Tiere, z. B. die Schmetterlinge, verändern sich während ihrer Entwicklung sehr stark.

Aus dem Ei des Schmetterlings schlüpft zunächst eine Raupe.

Die Raupe hängt sich an einen Zweig und bildet eine harte Schale.

In der Schale, dem sogenannten Kokon, wächst die Raupe und verändert sich.

Am Ende öffnet sich der Kokon, der meist sehr gut getarnt ist.

Ein Schmetterling kommt heraus. Dieser Vorgang heißt Metamorphose.

Familienbande

Elefantenkühe bleiben ihr Leben lang bei ihrer Familie. Bullen verlassen die Herde, wenn sie etwa 13 Jahre alt sind.

Bei den Kaiserpinguinen kümmern sich die Männchen um die Jungen, während die Weibchen Futter suchen.

Der Strauß.

Vererbung

Deine Gene bilden die chemische Bauanleitung für dich ganz allein. Da du sie von deinen Vorfahren geerbt hast, bist du ihnen natürlich ähnlich, aber wenn du kein Zwilling bist, bist du einmalig auf der ganzen Welt!

Weißt du, was DNA ist?

In Vergrößerung sieht die DNA aus wie eine verschlungene Strickleiter.

Winzige Zellen

Alle Lebewesen bestehen aus lauter einzelnen Zellen. Jede Zelle des Körpers enthält im Zellkern den kompletten Gensatz, also alle Informationen, aus denen er entstanden ist.

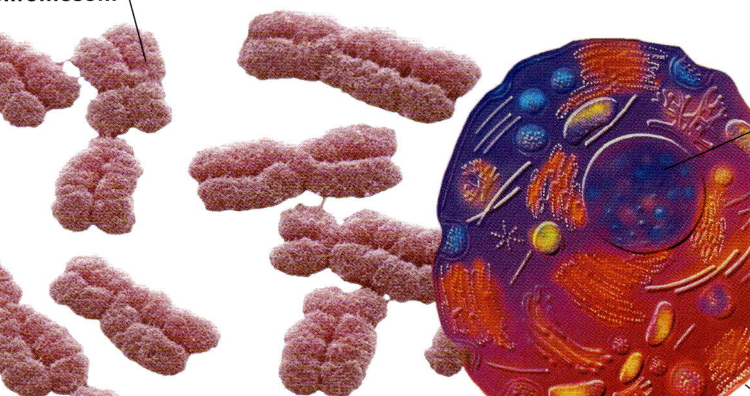

Die DNA

Jedes Chromosom ist ein 2 Meter langer DNA-Strang, der aussieht wie eine gedrehte Strickleiter. DNA besteht aus vier chemischen Verbindungen, die wie Buchstaben funktionieren. Sie buchstabieren einen Code, der den Zellen mitteilt, wie dein Körper genau auszusehen hat.

Die Chromosomen

Deine Gene sind in 46 Chromosomen angeordnet, die wiederum in 23 Paare aufgeteilt sind. Gene und Chromosomen bestehen aus einer chemischen Verbindung namens DNA.

Was ist ein Gen?

Jede Zelle im menschlichen Körper enthält einen Satz aus 25 000 Genen. Alle Lebewesen geben ihre Gene an ihre Nachkommen weiter. Bei der geschlechtlichen Fortpflanzung treffen zwei Gensätze zusammen. Das Kind erhält also jedes Gen doppelt, einmal von der Mutter und einmal vom Vater. Es wird aber von jedem Genpaar nur ein Gen aktiv.

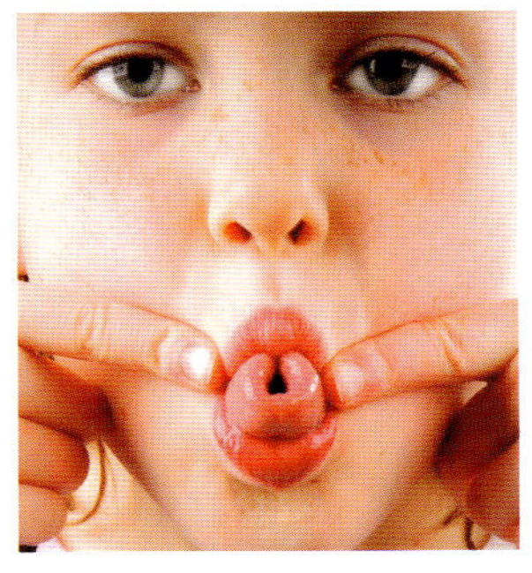

Du kannst die Zunge nur rollen, wenn dieses Gen aktiv ist.

Wann wurde die DNA entdeckt?

Farbblindheit

Manche Menschen haben ein Gen, das sie farbenblind macht. Sieh dir den Kreis an. Wenn du die Zahl darin erkennen kannst, bist du nicht farbenblind.

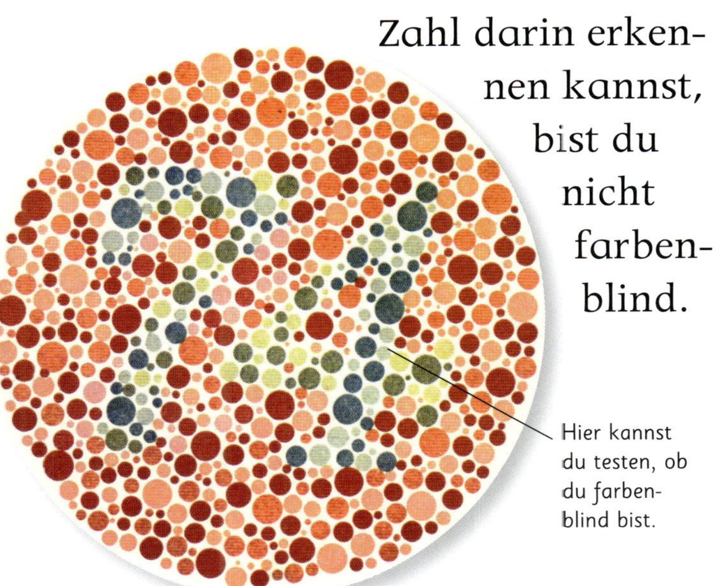

Hier kannst du testen, ob du farbenblind bist.

Ich sehe doppelt!
Eineiige Zwillinge haben genau dieselben Gene. Bei einem Viertel von ihnen ist der eine jedoch das Spiegelbild des anderen. Das heißt, sie haben zwar dasselbe Muttermal, aber auf verschiedenen Armen.

Wem siehst du ähnlich?

Kinder erben eine bunte Mischung der Gene ihrer Eltern. Deshalb hast du sicherlich Merkmale von beiden geerbt.

Die Chromosomen des Vaters bestimmen, ob ein Kind ein Mädchen oder ein Junge wird.

Dieses Mädchen hat ihre Haut- und Haarfarbe von der Mutter geerbt.

Mehr wissen ...
über Fortpflanzung bei Tieren, Seite **30–31**
über Gesundheit, Seite **40–41**

Francis Crick und James Watson entdeckten 1953 die DNA.

Skelett und Muskeln

Ohne Skelett wäre der Körper eine schwabbelige Masse. Das Knochengerüst hält den Körper aufrecht und schützt die inneren Organe.

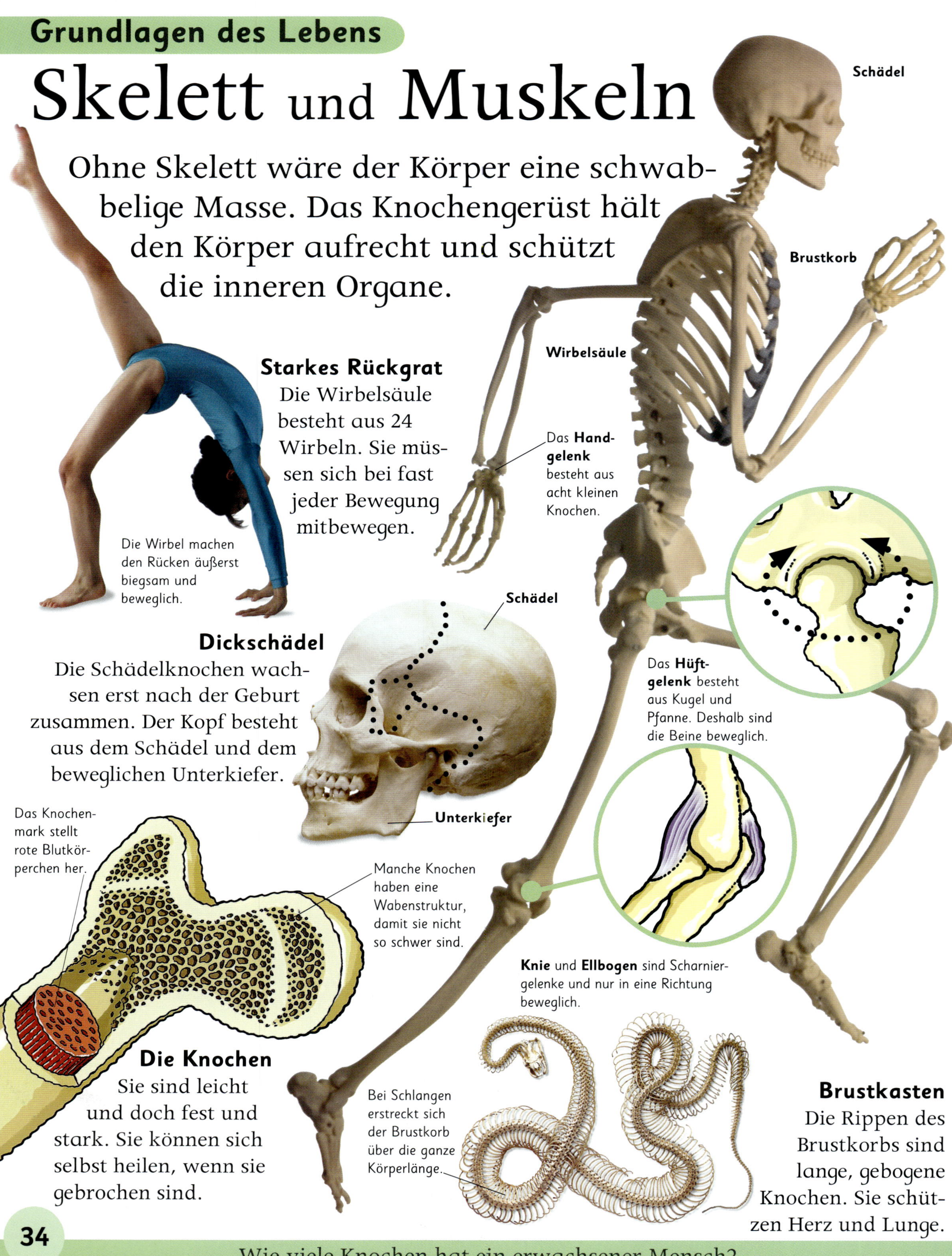

Starkes Rückgrat

Die Wirbelsäule besteht aus 24 Wirbeln. Sie müssen sich bei fast jeder Bewegung mitbewegen.

Dickschädel

Die Schädelknochen wachsen erst nach der Geburt zusammen. Der Kopf besteht aus dem Schädel und dem beweglichen Unterkiefer.

Die Knochen

Sie sind leicht und doch fest und stark. Sie können sich selbst heilen, wenn sie gebrochen sind.

Brustkasten

Die Rippen des Brustkorbs sind lange, gebogene Knochen. Sie schützen Herz und Lunge.

Wie viele Knochen hat ein erwachsener Mensch?

Die Gelenke

Die Gelenke im Körper machen Bewegungen möglich.

Daumen haben Drehgelenke, Finger dagegen sind nicht drehbar.

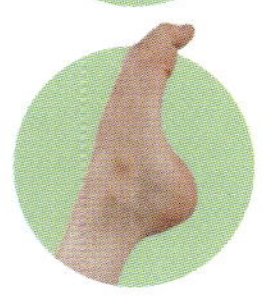

Knöchel haben zwei Gelenke: für seitliche und Auf-und-ab-Bewegungen.

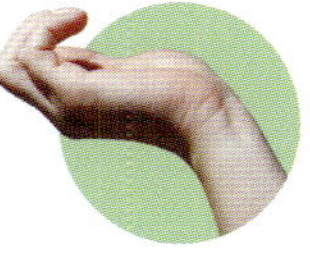

Handgelenke sind zwar drehbar, drehen sich aber nicht ganz herum.

Im Genick ist ein Drehgelenk, sodass sich der Kopf hin und her drehen kann.

Die Muskeln

Muskeln sind wie dehnbare Zugbänder. Manche Muskeln, z. B. die Arm- und Beinmuskeln, lassen sich bewusst steuern. Andere, wie der Herz- oder Blasenmuskel arbeiten einfach, ohne dass man darüber nachdenken muss.

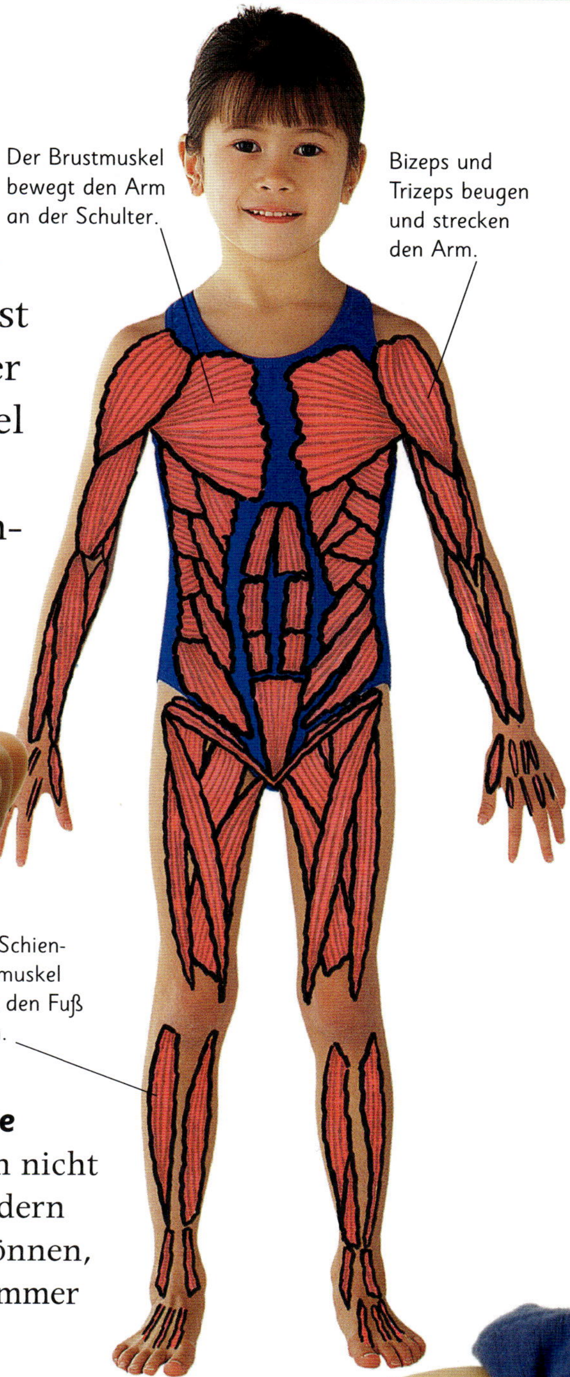

Der Brustmuskel bewegt den Arm an der Schulter.

Bizeps und Trizeps beugen und strecken den Arm.

Der Schienbeinmuskel hebt den Fuß hoch.

Muskelpaare

Weil Muskeln nicht drücken, sondern nur ziehen können, arbeiten sie immer paarweise.

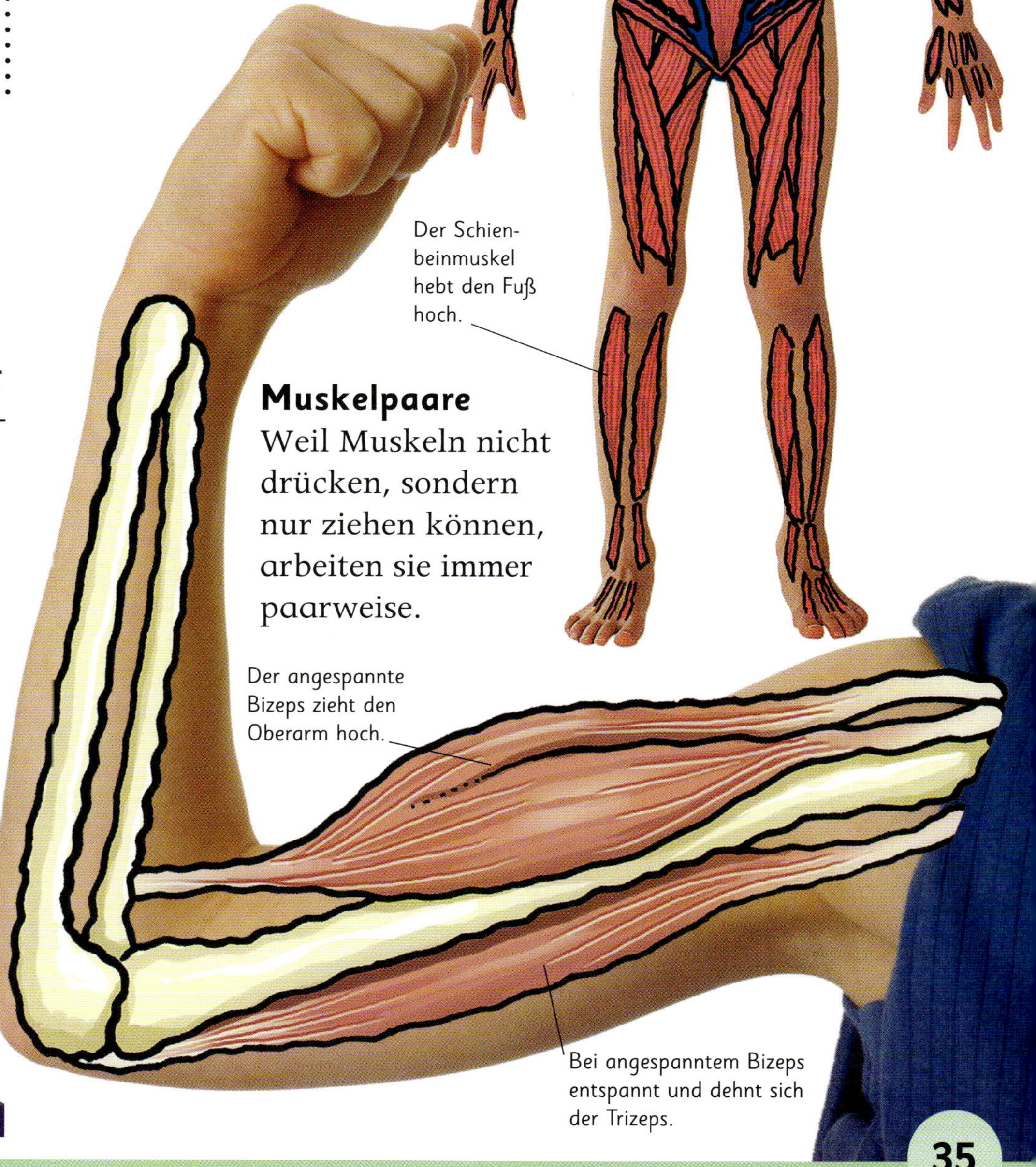

Der angespannte Bizeps zieht den Oberarm hoch.

Bei angespanntem Bizeps entspannt und dehnt sich der Trizeps.

Grimassen schneiden

Die Gesichtsmuskeln sind an der Haut und am Knochen befestigt. Mit ihnen können wir je nach Stimmung den Gesichtsausdruck verändern.

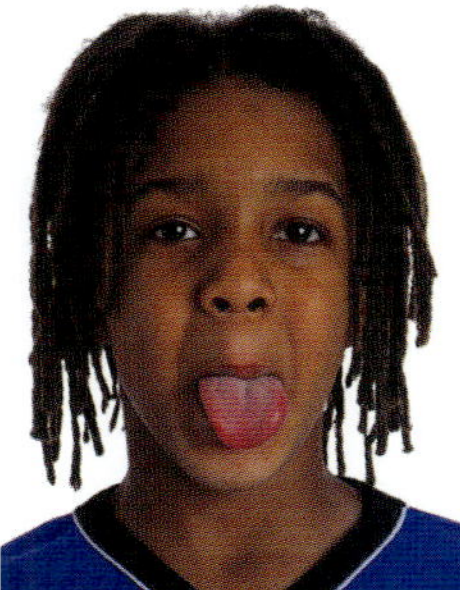

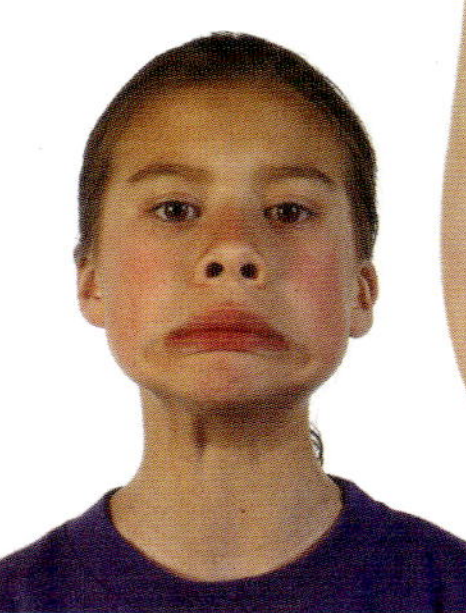

Das Skelett eines Erwachsenen hat über 200 Knochen.

Blut und Sauerstoff

Alle paar Sekunden atmen wir Luft ein. In der Lunge geht der Sauerstoff ins Blut über und das Blut transportiert ihn durch den ganzen Körper.

Lebenssaft

Blut besteht aus Zellen, die in einer Flüssigkeit, dem Plasma, treiben. Es gibt drei Zelltypen:

Rote Blutkörperchen gibt es sehr viele. Sie transportieren den Sauerstoff.

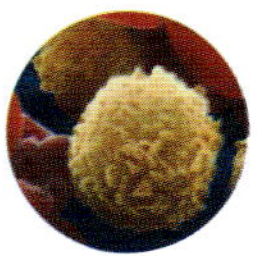

Weiße Blutkörperchen bekämpfen Krankheitserreger im Körper.

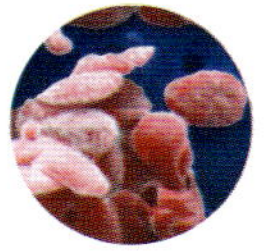

Blutplättchen reparieren andere Zellen, wenn sie beschädigt sind.

Transportsystem

Das Blut fließt durch die Blutgefäße, die man auch Adern nennt. Die sogenannten Arterien (rot) befördern das Blut weg vom Herzen. In den Venen (blau) fließt das Blut zum Herzen zurück.

Arterien

Herz

Venen

Das Herz schlägt

Bei jedem Herzschlag wird Blut durch den Körper gepumpt. Eine Herzhälfte pumpt Blut in die Lunge, die andere schickt das Blut durch den ganzen Körper.

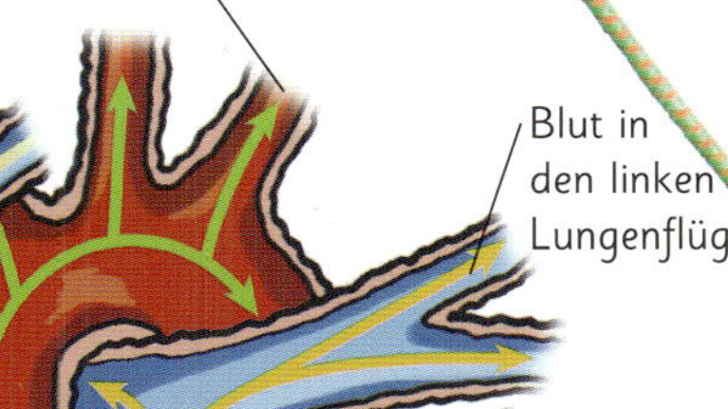

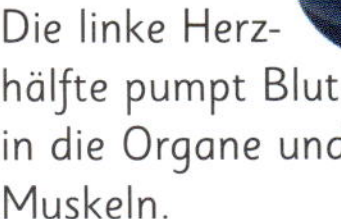

Wie oft am Tag schlägt das Herz?

Die Lungenflügel

Die Lunge nimmt im Brustkorb den meisten Platz ein. Sie filtert den Sauerstoff aus der Luft und gibt Kohlendioxid wieder ab.

Ohne Lunge

Nicht alle Tiere haben eine Lunge. Es gibt auch andere Arten der Atmung.

Frösche nehmen Sauerstoff durch die Haut auf – sogar unter Wasser.

Insekten wie Raupen atmen durch Körperöffnungen, die „Stigmen“ genannt werden.

Viele Meerestiere wie Haie atmen durch Kiemen.

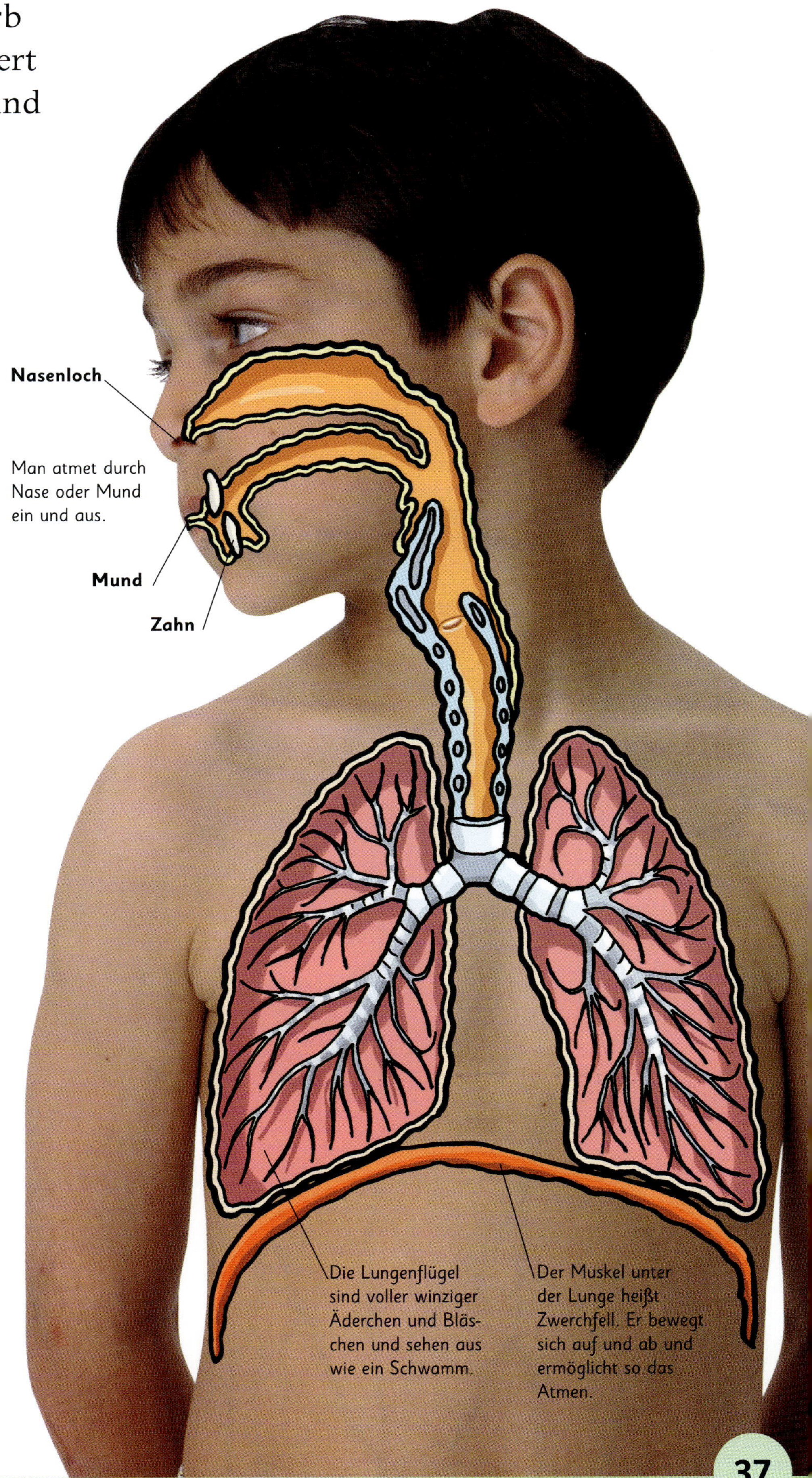

Nasenloch

Man atmet durch Nase oder Mund ein und aus.

Mund

Zahn

Die Lungenflügel sind voller winziger Äderchen und Bläschen und sehen aus wie ein Schwamm.

Der Muskel unter der Lunge heißt Zwerchfell. Er bewegt sich auf und ab und ermöglicht so das Atmen.

Das Herz eines Kindes schlägt zwischen 130 000 und 170 000 Mal pro Tag.

Die Verdauung

Welchen Weg nimmt die Nahrung durch den Körper? Und welche Organe spielen eine wichtige Rolle im Verdauungsprozess?

Mund
Erste Station: Speichel sorgt dafür, dass man leichter kauen und schlucken kann. Die Nahrung rutscht durch die Speiseröhre in den Magen.

Magen
Die Magenmuskeln wälzen die Nahrung herum. Sie wird mit Magensäure vermischt und in halb flüssigem Zustand in den Darm gedrückt.

Leber
Die Leber speichert Vitamine und Glukose – eine Art Zucker, der dem Körper Energie verleiht.

Die Gedärme
Sie sind schlauchartig und vielfach verschlungen. Im Dünndarm werden Nährstoffe ins Blut abgegeben. Der Dickdarm kümmert sich um die unverdaulichen Reste.

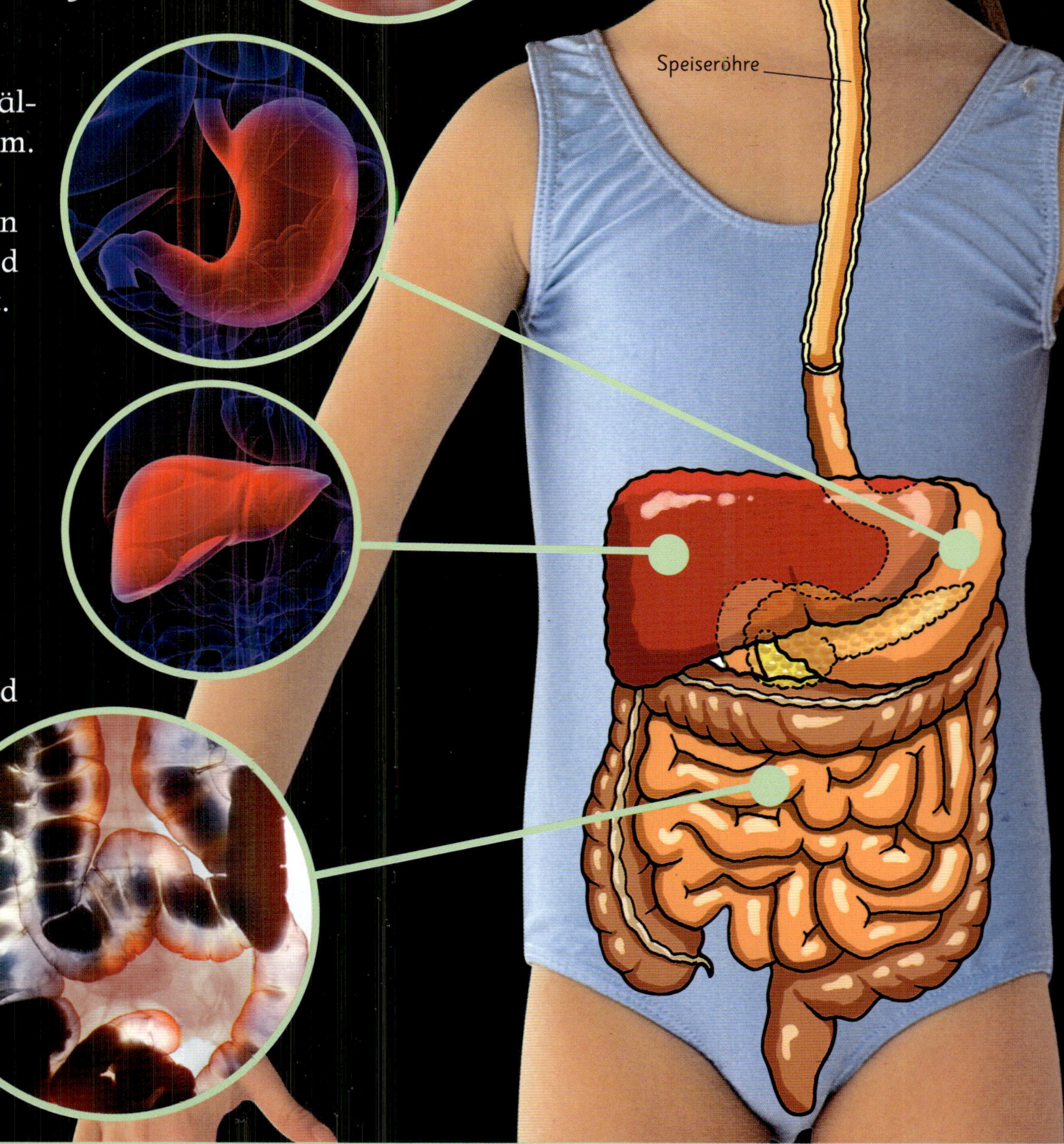

Welcher Darm ist länger, der Dünndarm oder der Dickdarm?

Cleveres System

Kühe haben ein erstaunliches Verdauungssystem. Ihr Magen besteht aus vier Teilen. Jeder Teil hat eine andere Funktion, damit die Nahrung möglichst gut verdaut und jeder Nährstoff ausgenutzt wird. Das ist auch notwendig, denn das harte Gras ist sehr schwer verdaulich.

Steinfresser

Manche Vögel fressen Sand. Die kleinen Steinchen helfen bei der Verdauung, weil sie die Nahrung im Magen zerkleinern.

Gesunde Nahrung

Damit der Körper immer gut funktioniert, sollte man jeden Tag ausgewogen essen, d. h. von jeder der fünf Nährstoffgruppen genügend Nahrung zu sich nehmen.

Kohlenhydrate sind z. B. in Brot, Getreideflocken und Kartoffeln enthalten.

Fette sind z. B. in Öl oder Butter enthalten. Sie liefern viel Energie.

Eiweiße gibt es z. B. in Eiern, Fisch, Fleisch, Milchprodukten und Nüssen.

Mineralstoffe wie Eisen gibt es z. B. in grünem Gemüse.

Vitamine wie Vitamin C sind in frischem Obst und Gemüse enthalten.

Die Nieren

In den Nieren wird das Blut gereinigt. Sie filtern giftige Stoffe heraus, die das Blut nicht braucht. Außerdem kontrollieren die Nieren die Wassermenge im Blut.

Interessant!

Menschen schmecken mit der Zunge. Es gibt aber im Tierreich auch andere Methoden. Schmetterlinge nutzen z. B. die Füße!

Abfallentsorgung

Fester Abfall aus dem Dickdarm wird im Mastdarm gelagert und der Urin in der Blase. Wenn genug zusammengekommen ist, muss man zur Toilette.

Der Dünndarm.

Gesundheit

Eine gute Lebensweise hält uns gesund. Richtiges Essen, viel Bewegung und genug Schlaf sind sehr wichtig, wenn man gesund und fit sein will.

5 pro Tag
Jeden Tag sollte man 5 Mal Obst oder Gemüse essen.

Ausgewogene Ernährung

Es gibt fünf Gruppen von Nährstoffen, die der Körper täglich braucht, um gut zu funktionieren. Von allen sollte man jeden Tag genug essen.

Obst und Gemüse
Diese Nahrungsmittel liefern Vitamine, Mineral- und Ballaststoffe, die den Körper vor Krankheiten schützen.

Fleisch und Hülsenfrüchte
Eiweiß repariert die Zellen. Es sollte etwa 15 Prozent der Nahrung ausmachen.

Fette und Zucker
Fett polstert die inneren Organe und transportiert Vitamine.

Milchprodukte
Milch und Milchprodukte liefern Kalzium, für den Aufbau der Knochen, Zähne und Muskeln.

Trink aus!
Ohne Essen kann ein Mensch recht lange überleben, aber nicht ohne Wasser. Wir brauchen es zur Verdauung und zum Wegspülen des Abfalls. Wer austrocknet, bekommt Kopfschmerzen, trockene Haut und wird müde.

Man sollte regelmäßig und viel trinken – am besten Wasser.

Wie viele Stunden Schlaf braucht ein Kind?

Kinder sollten sich täglich mindestens eine Stunde austoben können.

Schwimmen ist eine gute Methode, um alle Muskeln zu trainieren.

Sauberkeit

Im Schmutz leben schädliche Bakterien. Sauberkeit hält dich gesund.

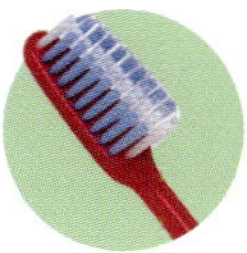

Zähne solltest du jeden Tag morgens und abends nach dem Essen putzen.

Duschen oder baden solltest du regelmäßig, um den Schmutz abzuwaschen.

Kleidung solltest du öfter wechseln, Socken und Unterwäsche jeden Tag!

Bewegung

Bewegung stärkt das Herz und die Muskeln und regt die Herstellung von chemischen Botenstoffen an, die für gute Laune sorgen und Schmerzen vertreiben.

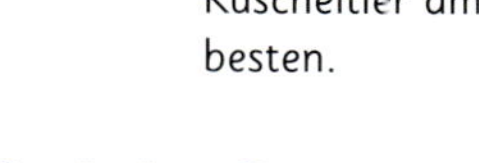

Viele Kinder schlafen mit einem weichen Kuscheltier am besten.

Schlaf

Im Schlaf kann sich der Körper ausruhen und das Gehirn kann sich erfrischen. Junge Menschen brauchen viel Schlaf, ältere dagegen immer weniger.

Lies mal wieder!

Gesundheit betrifft nicht nur den Körper, sondern auch den Geist. Lesen regt das Gehirn an und sorgt für einen aktiven Geist.

Mehr wissen …

über Muskeln, Seite **34–35**

über Verdauung, Seite **38–39**

Kinder brauchen pro Nacht zwischen zehn und zwölf Stunden Schlaf.

Nahrungsketten

Jedes Lebewesen muss sich von etwas ernähren und wird von anderen gefressen – das nennt man Nahrungskette. Jede Art ist Teil von verschiedenen Nahrungsketten.

Zersetzer
Zersetzer wie Regenwürmer, Pilze und Mistkäfer stehen am Anfang und Ende jeder Nahrungskette. Sie zersetzen tote Tiere und Pflanzen und sorgen dafür, dass deren Nährstoffe wieder in den Boden gelangen.

Erzeuger
Pflanzen wie Akazien oder Gras nehmen Energie von der Sonne auf. Sie werden als Nährstofferzeuger bezeichnet.

Pflanzenfresser
Impala-Antilopen und Zebras fressen kein Fleisch, sondern nur Pflanzen.

Welche fleischfressende Pflanze mag gern Fliegen und Spinnen?

Aasfresser

Tote Tiere werden als Aas bezeichnet. Aas fressen z. B. Hyänen, Geier und Weißkopfseeadler. Diese Tiere töten selten selbst, sondern fressen die Reste, die andere Jäger übrig lassen, oder Tiere, die eines natürlichen Todes gestorben sind.

Fleischfresser

Sie verzehren nur Fleisch. In der afrikanischen Savanne gibt es z. B. Löwen, Leoparden und Geparden.

Nahrungsketten im Meer

Je höher ein Tier in der Nahrungskette steht, desto weniger Vertreter gibt es. Im Meer gibt es daher sehr viel Plankton, viele Fische, wenige Robben und noch weniger Eisbären.

Eisbär

Robben

Fische

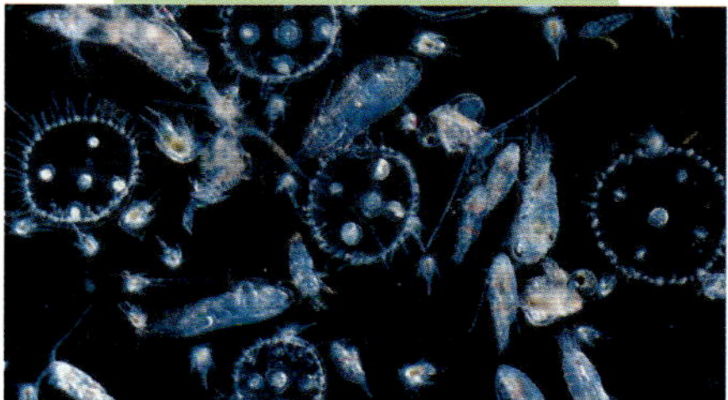

Tierisches Plankton

Pflanzliches Plankton

Ökosysteme

Auf der Erde gibt es verschiedene Lebensräume mit eigenem Klima und spezieller Bodenbeschaffenheit, in denen jeweils andere Tiere und Pflanzen zusammenleben. Man nennt diese Lebensräume auch Ökosysteme.

Natürliche Vielfalt

Es gibt viele verschiedene Ökosysteme auf der Erde. Die darin lebenden Pflanzen und Tiere haben sich an ihre Umwelt gut angepasst.

Wälder

Überall, wo genügend Regen fällt, wachsen Wälder. Sie bieten den Lebensraum für eine riesige Vielfalt an Pflanzen und Tieren.

Ozeane

Über 70 Prozent der Erdoberfläche sind mit Ozeanen bedeckt, in denen es ebenfalls zahlreiche verschiedene Lebensräume gibt.

Wohnräume

Ein Ökosystem umfasst viele „Habitate“. Ein Habitat ist die natürliche Heimat eines bestimmten Lebewesens. Auch Bäume oder Blätter können Habitate sein.

Flüsse und Seen

Süßwasser-Ökosysteme gibt es in Teichen, Seen, Flüssen und Bächen fast über die gesamte Landfläche der Erde verstreut.

Mehr wissen ...

über Tiere, Seite **46–47**

über Kreisläufe, Seite **50–51**

Polarregionen und Tundra

Die eisbedeckten Polargebiete liegen rund um den Nord- und Südpol in der Arktis und Antarktis. Am Übergang in wärmere Zonen grenzen sie an die Steppen der Tundraregionen.

Welche Wald-Ökosysteme kennst du?

Gebirge

Im Gebirge gibt es verschiedene Ökosysteme, weil sich das Klima mit zunehmender Höhe immer wieder ändert.

Meeresküsten

Diese Ökosysteme liegen halb an Land und halb unter Wasser. Sie ändern sich mit den Gezeiten.

Grassteppen

Der Mensch hat sich im Grasland Afrikas entwickelt. Heute leben dort die größten und schnellsten Landtiere.

Wüsten

Sie sind entweder heiß oder eiskalt, aber immer sehr trocken, da es selten regnet. In der Wüste leben nur wenige Tier- und Pflanzenarten.

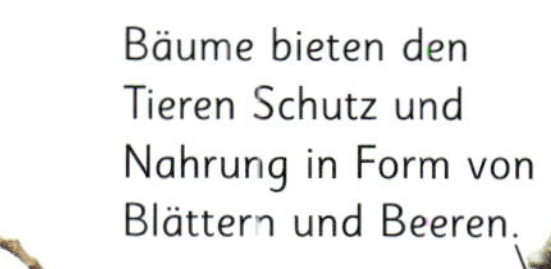

Bäume bieten den Tieren Schutz und Nahrung in Form von Blättern und Beeren.

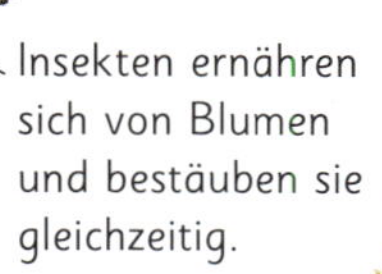

Insekten ernähren sich von Blumen und bestäuben sie gleichzeitig.

Zusammen sind sie stark

Die Gruppe von Lebewesen in einem Habitat heißt Lebensgemeinschaft. Sie besteht aus Pflanzen, Tieren und anderen Organismen, die alle voneinander abhängig sind.

Aus Froschlaich schlüpfen Kaulquappen. Viele von ihnen werden von anderen Tieren gefressen.

Zwischen verrottenden Blättern und Holz leben Pilze und kleine Tiere wie Käfer und Schnecken.

Schnecken fressen Blätter. Sie selbst dienen wiederum als Nahrung für andere Tiere.

Farne nehmen für ihr Wachstum Nährstoffe aus dem Boden auf.

Frösche leben an Land und im Wasser. Sie ernähren sich von Insekten.

Laubwälder und Nadelwälder sowie Regenwälder.

Überleben

Zum Überleben brauchen alle Tiere und Pflanzen Nahrung, Wasser, Schutz und genug Platz. Jede Art sucht sich dies alles auf ihre eigene Art und Weise.

Wir halten zusammen

Clownfisch und Seeanemonen leben zusammen und helfen einander (Symbiose). Der Clownfisch ist einer der wenigen Fische, die sich an den Tentakeln der Seeanemone nicht verletzen.

Gut getarnt

Löwen schleichen sich gerne an ihre Beute heran. Weil ihr Fell dieselbe Farbe hat wie das Steppengras, können sie sich gut verstecken. Das nennt man Tarnung.

Braunes Langohr mit Nachtfalter

Nachtaktiv

Manche Tiere gehen nachts auf Futtersuche. Das Braune Langohr, eine Fledermaus, findet seine Beute durch Schallwellen. Es lauscht auf das Echo seines Pfeiftons, das von Dingen zurückgeworfen wird. So kann es exakt feststellen, wo sich ein Insekt befindet.

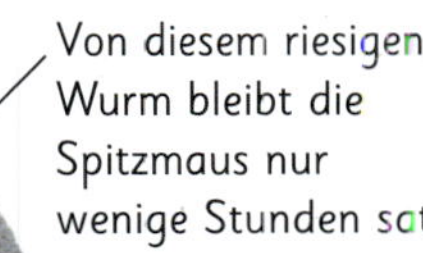

Von diesem riesigen Wurm bleibt die Spitzmaus nur wenige Stunden satt.

24-Stunden-Jäger

Manche Tiere müssen Tag und Nacht fressen. Spitzmäuse brauchen jeden Tag 80 bis 90 Prozent ihres Körpergewichts an Nahrung. Sie sind zwar winzig, aber sehr aggressiv.

Der Bandwurm ist ein Parasit. Wo lebt er?

Die Küstenseeschwalbe hat einen sehr weiten Weg: Sie fliegt jedes Jahr zwischen dem Nord- und Südpol hin und her.

Parasiten

Die sogenannten Parasiten leben auf oder in anderen Lebewesen und ernähren sich von ihnen. Raupen leben als Parasiten auf Pflanzen.

Eine Wespe hat ihre Eier auf diese Raupe gelegt. Die Larven werden sich als Parasiten von der Raupe ernähren.

Weite Wege

Wenn an einem Ort Nahrung und Wasser knapp werden oder es zu kalt wird, ziehen Tiere manchmal an andere Orte. Einige Tiere legen jedes Jahr weite Strecken zurück.

Wolfsrudel

Wölfe leben und jagen in Rudeln, weil es in der Gruppe sicherer ist als alleine. So können sie auch große Tiere besser jagen.

Elefanten fressen etwa 16 Stunden pro Tag.

Wohnen

Viele Tiere bauen sich ein Heim zum Schutz gegen Raubtiere und schlechtes Wetter.

Vögel bauen ihre Nester oft versteckt in Sträuchern oder hoch auf Bäumen.

Ein Bau im Erdboden dient z.B. Kaninchen und Dachsen als Behausung.

Biber bauen Burgen aus Stöcken mit Unterwassereingang im Fluss.

Wespen kauen Holz zu feuchtem Papier, das sie zu einem Nest formen.

Hunger!

Elefanten brauchen viel Futter. Hungrige Elefanten können ganze Bäume umstoßen und sie bis zum letzten Zweig kahl fressen.

Kreisläufe

In der Natur wird alles wiederverwendet. Lebewesen brauchen zum Leben Sauerstoff, Stickstoff, Kohlenstoff und Wasser. Wenn sie sterben, werden alle Stoffe, aus denen sie bestehen, wiederverwertet.

Nachts nehmen die Pflanzen Sauerstoff auf und geben Kohlendioxid ab.

KOHLENDIOXID

SAUERSTOFF

Stickstoffkreislauf

Alle Lebewesen brauchen Stickstoff. Pflanzen holen ihn aus dem Boden und Tiere erhalten ihn, indem sie Pflanzen fressen. Nach ihrem Tod wandert der Stickstoff zurück in den Boden.

Bakterien wandeln den Stickstoff in Salze (Nitrate) um, die die Pflanzen aufnehmen können. Ohne Bakterien könnten Pflanzen also nicht überleben.

Es gibt viel Stickstoff in der Luft.

Bakterien

Andere Bakterien nehmen Nitrate auf und geben Stickstoff an die Luft ab.

Wenn Tiere und Pflanzen verrotten, gelangt der Stickstoff in den Boden zurück.

Tiere fressen Pflanzen, die Nitrate enthalten.

Gibt es in der Atmosphäre mehr Sauerstoff oder mehr Stickstoff?

Tagsüber nehmen die Pflanzen Kohlendioxid auf und geben Sauerstoff ab.

Aus der Luft zur Erde

Bei Gewittern wird durch Blitz und Regen immer ein wenig Stickstoff aus der Atmosphäre auf die Erde gespült. Diesen Stickstoff können die Pflanzen über ihre Wurzeln aufnehmen.

Sauerstoffkreislauf

Tiere nehmen Sauerstoff auf und stoßen Kohlendioxid und Wasser aus. Grüne Pflanzen wandeln bei der Fotosynthese Kohlendioxid in Sauerstoff um.

Tiere atmen ständig Sauerstoff ein und Kohlendioxid aus.

Die Atmosphäre enthält 21 Prozent Sauerstoff und 78 Prozent Stickstoff.

Kohlenstoff

Alle Lebewesen enthalten Kohlenstoff. Menschen nehmen ihn auf, wenn sie Kohlenhydrate, Fett und Eiweiß essen. Sie geben ihn beim Ausatmen als Kohlendioxid wieder ab. Auch bei der Zersetzung von toten Stoffen wird er freigesetzt – mal sehr schnell, mal erst nach Millionen von Jahren in Brennstoffen wie Kohle oder Öl.

Kohlendioxid in der Atmosphäre

SAUERSTOFF

KOHLENDIOXID

Tiere fressen Pflanzen und nehmen dabei Kohlenstoff auf.

Tiere atmen Kohlendioxid aus.

KOHLENDIOXID WIRD ABGEGEBEN.

KOHLENSTOFF

Tierkot ist auch ein Teil des Kohlenstoffkreislaufs.

Kohlenstoffkreislauf

Grünpflanzen nehmen das Gas Kohlendioxid aus der Luft auf und erzeugen daraus Nahrung, z. B. Kohlenhydrate. Einen Teil davon nehmen Tiere auf, wenn sie die Pflanzen fressen.

Tiere

Tiere wie diese Schafe fressen, atmen und scheiden Abfälle aus und tragen so zum Kohlenstoffkreislauf bei. Sie nehmen mit dem Futter Kohlenstoff auf und geben ihn beim Ausatmen wieder ab. Nach dem Tod produziert ihr Körper noch mehr Kohlenstoff.

Kohlenstoff kann sogar einen harten Kristall bilden. Wie heißt er?

Diamant.

Müllverwertung
Teile von dir könnten noch von einem Dinosaurier stammen. Warum? Weil Dinosaurier Abfälle ausgeschieden haben, wie alle Lebewesen. Diese Abfälle wurden Teil des endlosen Kohlenstoffkreislaufs.

Fossile Brennstoffe
Überreste von Lebewesen verwandeln sich in Millionen von Jahren in Brennstoffe (Öl, Kohle).

Beseitigung
Wenn Tiere sterben, zerfallen ihre Körper langsam in ihre Bestandteile.

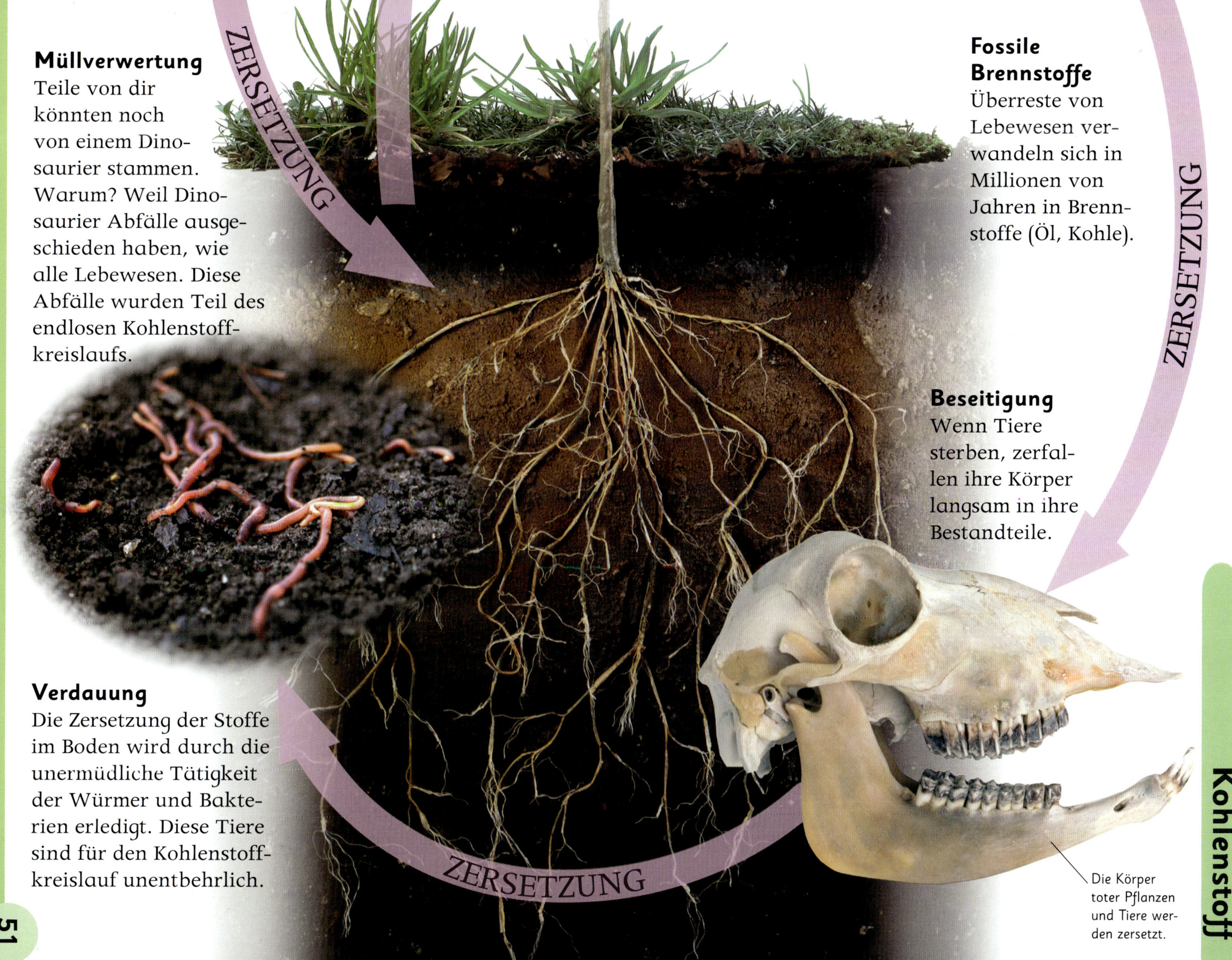

Die Körper toter Pflanzen und Tiere werden zersetzt.

Verdauung
Die Zersetzung der Stoffe im Boden wird durch die unermüdliche Tätigkeit der Würmer und Bakterien erledigt. Diese Tiere sind für den Kohlenstoffkreislauf unentbehrlich.

Was ist Materie?

Alles um uns herum – auch die Dinge, die wir nicht sehen können – besteht aus Materie. Sie kann verschiedene Formen annehmen, sodass alle Dinge unterschiedlich aussehen und sich anders verhalten.

Fest, flüssig und gasförmig

Materie ist meistens entweder fest, flüssig oder gasförmig. Jeder Zustand verhält sich anders, weil sich die Materieteilchen stärker oder schwächer bewegen.

Vier Zustände

Es gibt vier wichtige Materiezustände.

Festkörper haben eine feste Form. Die meisten sind hart.

Flüssigkeiten passen sich der Form des Behälters an, haben aber einen bestimmten Rauminhalt.

Gase haben keine feste Form. Sie füllen jeden Raum aus, z.B. einen Ballon.

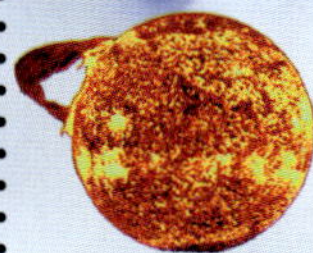

Plasma gibt es nur bei sehr heißen Temperaturen, z.B. im Inneren der Sonne.

Fast alles auf der Erde ist fest, flüssig oder gasförmig.

Der Planet Erde

Der feste Erdkern ist von flüssigem Gestein umgeben, auf dem die feste Erdkruste treibt. Der größte Teil der Kruste ist von flüssigem Wasser bedeckt. Eingehüllt wird die Erde von einer Gasschicht, der Atmosphäre.

Die Wolken in der Atmosphäre werden aus Wasserdampf (einem Gas) gebildet.

Die grünen Flächen sind Landfläche (festes Gestein).

Die blauen Flächen sind die Ozeane. Sie bestehen aus flüssigem Wasser.

Was ist Sauerstoff?

Wissens-Quiz

Sieh nach, ob du in diesem Kapitel die Bilder entdeckst, von denen diese Ausschnitte stammen.

Voll Gas

Wird die Luft in einem Ballon erhitzt, wird sie leichter als die Umgebungsluft und füllt den Ballon sehr schnell. Die leichtere Luft steigt auf und hebt den Ballon mitsamt den Passagieren in die Höhe.

Ohne Materie

Ein Raum, in dem es keine Materie gibt, nicht einmal Luft, heißt Vakuum. Der Weltraum ist einem Vakuum sehr ähnlich.

Astronauten tragen im Weltraum spezielle Anzüge, weil es dort sehr kalt ist und es keine Luft gibt.

Mehr wissen …

über Atome, Seite 58–59

über das Universum, Seite 94–95

Sauerstoff ist ein Gas – es ist farb- und geruchlos.

Materialeigenschaften

Das sind sie ...

Es gibt viele verschiedene Materialeigenschaften.

Siedepunkt ist die Temperatur, bei der eine Flüssigkeit gasförmig wird.

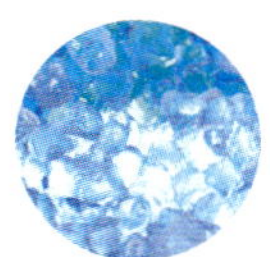

Gefrierpunkt ist die Temperatur, bei der eine Flüssigkeit fest wird.

Plastizität gibt an, wie gut sich ein fester Körper umformen lässt.

Leitfähigkeit gibt an, wie gut ein Material Strom oder Wärme leitet.

Schmiedbarkeit gibt an, ob ein Festkörper beim Verformen leicht bricht.

Zugfestigkeit gibt an, wie weit sich ein Material dehnt, ohne zu reißen.

Brennbarkeit gibt an, wie leicht ein Material Feuer fängt und sich entzündet.

Reflexionsvermögen gibt an, wie gut ein Material Licht reflektiert.

Transparenz gibt an, wie gut ein Material das Licht durch sich hindurchlässt.

Elastizität gibt an, wie leicht sich ein Material verbiegen lässt.

Löslichkeit gibt an, wie gut sich ein Stoff auflöst, z.B. Salz in Wasser.

Manche Materialien sind hart und zerbrechlich, andere biegsam. Einige sind bunt, andere durchsichtig. Diese verschiedenen Merkmale heißen Materialeigenschaften.

Kork schwimmt auf Öl und Öl schwimmt auf Wasser.

Ein Plastikbaustein sinkt durch Öl, schwimmt aber auf Wasser.

Eine Zwiebel sinkt durch Öl und Wasser, schwimmt aber auf Sirup. Sirup sinkt unter Wasser.

Was schwimmt?

Wie viel Materie in einen bestimmten Rauminhalt eines Körpers gepackt ist, bestimmt seine Dichte. Weniger dichte Gegenstände und Flüssigkeiten schwimmen auf dichteren Flüssigkeiten.

Gute Isolierung

Wärme kann manche Materialien kaum durchdringen. Man nennt sie Wärmeisolatoren. Aerogel z.B. hält die Hitze einer Flamme vollständig zurück. Das darfst du aber nicht zu Hause probieren!

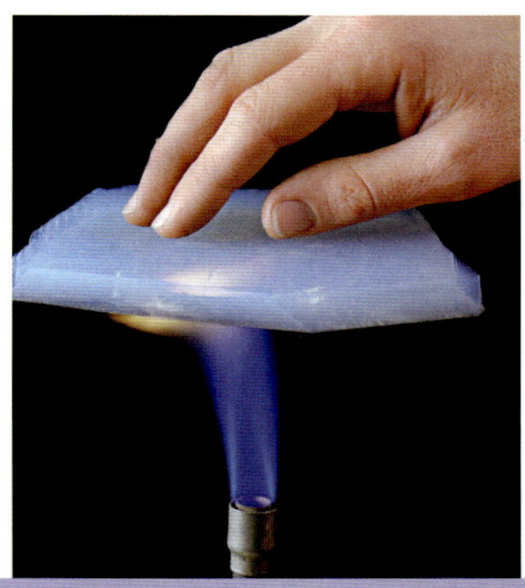

Zerbrochene Fensterscheibe

Komprimierung

Gase lassen sich zusammenpressen (komprimieren), indem man ganz viele von ihnen in einen Raum presst, z. B. beim Aufpumpen eines Reifens.

Gase lassen sich zusammenpressen, weil der Abstand zwischen den Teilchen sehr groß ist. Die Luftpumpe schiebt sie enger zusammen.

Sprödigkeit

Manche Materialien, z. B. Fensterglas, sind sehr spröde. Wenn man sie nur ein wenig biegen will, zerbrechen sie sofort.

Härte

Der Wissenschaftler Friedrich Mohs arbeitete eine Skala von zehn Mineralen aus – weich bis hart. Viele Materialien werden anhand dieser Härteskala eingestuft.

Diamant ist das härteste Mineral.

Das weichste Mineral

Probier's aus!

Sammle einige Steine und ordne sie nach ihrer Härte. Mit härteren Steinen kannst du Kratzer in die weniger harten ritzen. So legte auch Mohs seine Skala fest.

Fließen

Wie schnell eine Flüssigkeit fließt, hängt von ihrem Zusammenhalt ab. Heiße Lava aus einem Vulkan fließt langsam, weil die Teilchen stark zusammenhalten.

Ja, der Diamant ist das härteste Mineral der Welt. Er kann Quarz ritzen.

Zustände ändern

Festkörper, die erhitzt werden, schmelzen. Flüssigkeiten, die abgekühlt werden, gefrieren und werden fest. Alle Stoffe ändern auf diese Weise ihre Zustände bei ganz bestimmten Temperaturen.

Flüssiges Metall

Jeder Stoff schmilzt und kocht bei bestimmten Temperaturen (Schmelz- und Siedepunkt). Die meisten Metalle haben einen sehr hohen Schmelzpunkt und sind bei normalen Temperaturen fest. Nur Quecksilber ist bei Raumtemperatur bereits flüssig.

Kondensation

Wasserdampf, der in der Luft abkühlt, wird zu Wasser. Dieser Vorgang heißt Kondensation.

Wenn Wasserdampf mit einer kalten Flasche in Berührung kommt, kondensiert er zu winzigen Wassertröpfchen.

Die drei Materiezustände des Wassers

Wasser kann fest, flüssig oder gasförmig sein und alle diese drei Zustände kannst du zu Hause beobachten. Sie heißen Eis, Wasser und Wasserdampf.

Eis ist festes Wasser. Es bildet sich, wenn die Flüssigkeit so stark abgekühlt wird, dass sie gefriert.

Wenn man Eis erwärmt, schmilzt es, wird flüssig und passt seine Form der des Behälters an.

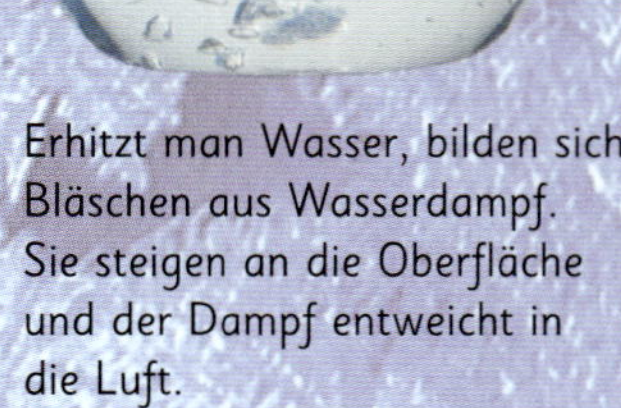

Erhitzt man Wasser, bilden sich Bläschen aus Wasserdampf. Sie steigen an die Oberfläche und der Dampf entweicht in die Luft.

Flüssiges Eisen

Eisen muss man im Hochofen erhitzen, damit es schmilzt. Es ist dann so heiß, dass es weiß glüht. Man gießt es in eine Form und lässt es aushärten.

An heißen Tagen trocknet die Wäsche schneller, weil Wasser bei Hitze schneller verdunstet.

Schmelzende Schokolade

Verdunsten

Wasser verwandelt sich an der Luft langsam in Wasserdampf. Man nennt diesen Vorgang auch Verdunstung. Nasse Wäsche trocknet auf der Leine, weil das Wasser daraus verdunstet.

Gefrieren

Eiszapfen, die im Winter an Bäumen und Dachrinnen hängen, entstehen, wenn tropfendes Wasser gefriert. Je mehr Wasser beim Heruntertropfen gefriert, desto länger wird der Eiszapfen.

Schmelzen

Wenn du dein Eis nicht schnell genug isst, schmilzt es und wird flüssig. Auch Schokolade schmilzt in der Hand und verklebt die Finger. Die meisten Festkörper schmelzen, wenn sie erhitzt werden.

Mehr wissen …

über chemische Reaktionen, Seite **68–69**

über Wärme, Seite **86–87**

Weil die Wärme im Mund sie zum Schmelzen bringt.

Die Atome

Wenn man die Dinge in immer kleinere Teile zerschlagen könnte, bis es nicht mehr kleiner geht, dann würde man am Ende bei den Atomen anlangen – den winzigen Teilchen, aus denen alles besteht.

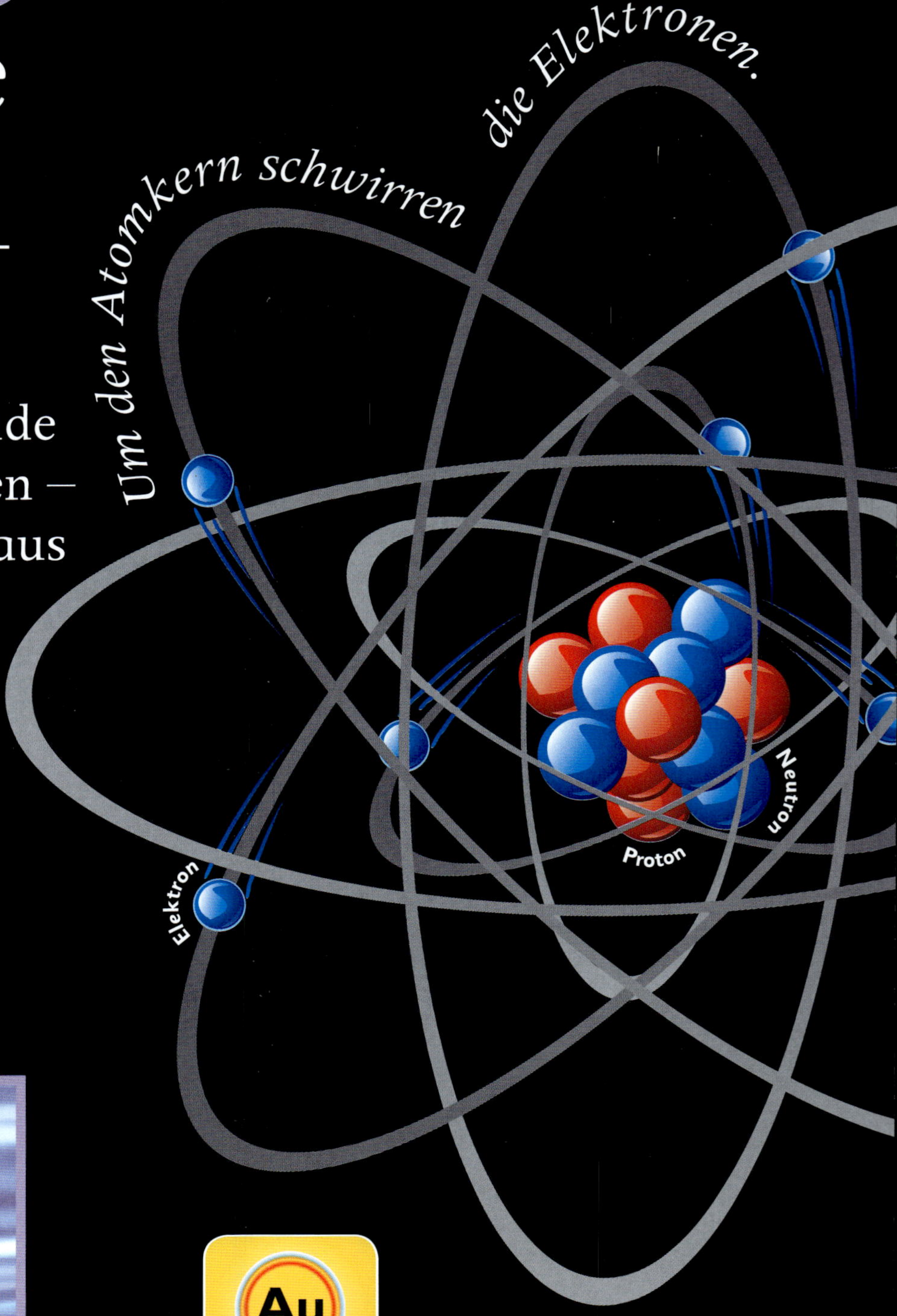

Um den Atomkern schwirren die Elektronen.

Das Innere der Atome

Ein Atom besteht aus drei Teilchen: Protonen, Neutronen und Elektronen. Protonen und Neutronen bilden den Atomkern. Die Elektronen sind außerhalb des Kerns.

Ein Sauerstoff- und zwei Wasserstoffatome bilden ein Wassermolekül.

Moleküle

Stoffe bestehen aus kleinen Atomgruppen, die man Moleküle nennt. Wassermoleküle haben drei Atome.

Goldene Zahl

Die Anzahl der Protonen in einem Atom heißt Ordnungszahl. Gold hat die Ordnungszahl 79. Jedes Goldatom hat also 79 Protonen im Kern.

Wie viele Atome befinden sich in einem Wassertropfen?

Sonnenblumenöl wird aus den Kernen der Sonnenblume gepresst.

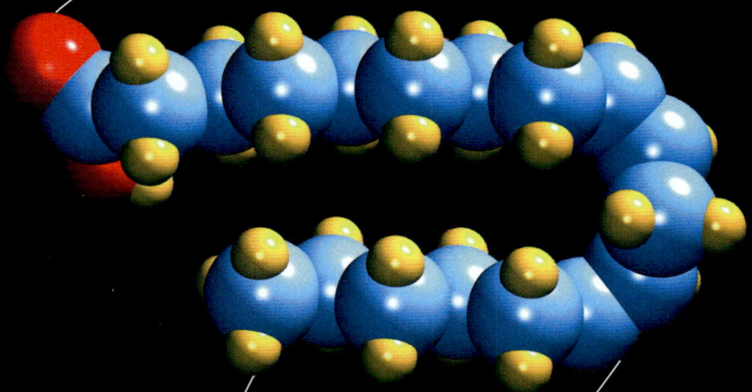

Sauerstoffatom

Wasserstoffatom

Kohlenstoffatom

Riesenmoleküle
In natürlich vorkommenden Stoffen wie Pflanzenöl sind die Atome oft zu langen Kettenmolekülen verbunden. Die einzelnen Moleküle im Sonnenblumenöl enthalten jeweils 50 Atome.

Interessant!

Atome bestehen hauptsächlich aus leerem Raum. Wäre ein Atom so groß wie ein Sportstadion, wäre der Kern in der Mitte nur so klein wie eine Murmel!

Bei der Explosion einer Atombombe entsteht eine spektakuläre Wolke, der „Atompilz“.

Die Macht der Atome

Wenn der Kern eines Atoms gespalten wird, werden Unmengen von Energie frei. Atombomben erzeugen mit dieser Art von „Kernenergie“ riesige Explosionen. Kernkraftwerke erzeugen damit Elektrizität.

Etwa 5 Sextillionen (5 000 000 000 000 000 000 000 000 000 000 000 000).

Die Moleküle

Meistens sind Atome in kleinen Gruppen angeordnet, den Molekülen. Die Form der Moleküle und die Art, wie sie miteinander verbunden sind, erklären die unterschiedlichen Eigenschaften von Stoffen.

Volldampf voraus!
Moleküle sind ständig in Bewegung. Je wärmer sie werden, desto schneller bewegen sie sich. Bringt man Wasser zum Kochen, bewegen sich die Moleküle so schnell, dass sie als Wasserdampf in die Luft entweichen.

Wolken bilden sich, wenn Wasserdampf abkühlt und wieder flüssig wird. Der graue Nebel besteht aus Millionen winziger Wassertröpfchen.

Fest gefroren
Kalte Moleküle bewegen sich sehr langsam und rücken näher zusammen. In gefrierendem Wasser reihen sich die Moleküle so auf, dass sie zu Eiskristallen werden.

Schnee sieht aus wie weißes Pulver. Wenn du aber genau hinsiehst, erkennst du Tausende winziger Kristalle, die so klar wie Glas sind.

Schmelzen: Erhitzt man einen Festkörper, bewegen sich die Moleküle immer schneller, bis sie sich voneinander lösen. Der Stoff wird flüssig.

Fest werden: Kühlt eine Flüssigkeit ab, verlieren die Moleküle Energie und bewegen sich langsamer, bis sie sich wieder aneinanderbinden. Der Stoff wird wieder fest.

Fest

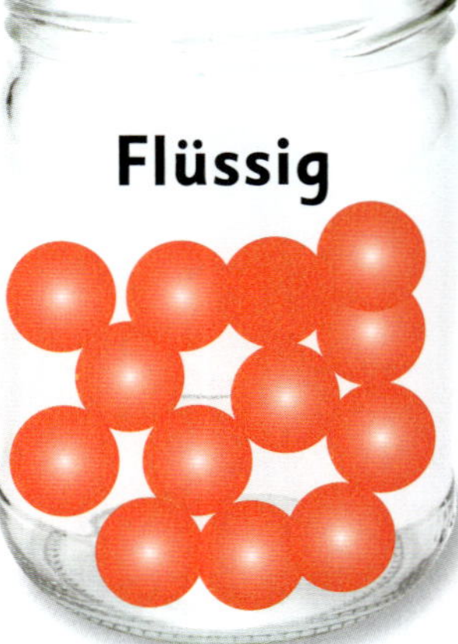

Gießt man eine Flüssigkeit in ein Glas oder eine Flasche, nimmt sie die Form des Behälters an und bleibt darin.

Kann man Diamanten zerstören?

Diamanten werden zu Juwelen geschliffen, die fast unzerstörbar sind.

Diamantmoleküle

Diamant ist die härteste bekannte Substanz. Die Härte kommt von der Anordnung der Kohlenstoffatome. Jedes Atom hat sehr starke Bindungen zu jeweils vier Nachbaratomen.

In Diamanten bilden je fünf Atome eine Pyramide. Diese Form verleiht dem Diamant seine erstaunliche Härte.

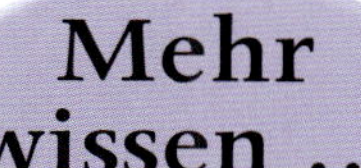

Mehr wissen ...

über Zustandsänderungen, Seite **56–57**

über Minerale, Seite **104–105**

Grafitmoleküle

Grafit besteht aus Kohlenstoffatomen, genau wie der Diamant. Aber da die Atome anders angeordnet sind, ist Grafit sehr weich.

Im Grafit ist jedes Kohlenstoffatom nur mit je drei Nachbarn verbunden. Die Atome bilden Schichten, die sich gegeneinander verschieben lassen. Deshalb ist Grafit weich.

Aus Grafit werden Bleistiftminen hergestellt.

Verdampfen: Werden Flüssigkeiten erhitzt, bewegen sich die Moleküle immer schneller, bis sie als Gas in die Luft entweichen.

Kondensieren: Gasmoleküle, die Energie verlieren und langsamer werden, binden sich aneinander und werden flüssig.

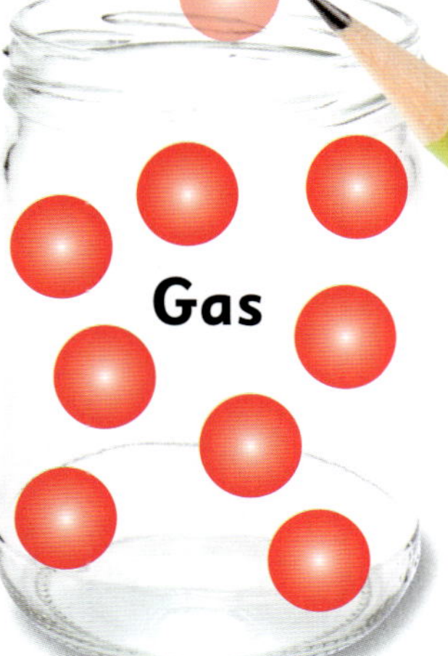

Gase füllen jeden Behälter aus. Wenn der Behälter keinen dichten Deckel hat, entweichen die Gase auch in die Luft.

Ja, man kann sie verbrennen.

Die Elemente

Ein Element ist ein Stoff, der nur aus einer Art von Atomen besteht. Bisher wurden 117 Elemente entdeckt. Die Tabelle hier, das „Periodensystem der Elemente“, zeigt die meisten von ihnen.

Das Periodensystem

Im Periodensystem sind die Elemente nach der Zahl der Protonen im Atomkern geordnet. Das erste ist der Wasserstoff. Elemente mit ähnlichen Eigenschaften sind zu Gruppen geordnet (hier farbig).

1	2	3	4	5	6	7	8	9
K KALIUM 19	Ca KALZIUM 20	Sc SCANDIUM 21	Ti TITAN 22	V VANADIUM 23	Cr CHROM 24	Mn MANGAN 25	FE EISEN 26	Co KOBALT 27
Rb RUBIDIUM 37	Sr STRONTIUM 38	Y YTTRIUM 39	Zr ZIRCONIUM 40	Nb NIOB 41	Mo MOLYBDÄN 42	Tc TECHNETIUM 43	Ru RUTHENIUM 44	Rh RHODIUM 45
Cs CÄSIUM 55	Ba BARIUM 56	LANTHANOIDE 57 – 71	Hf HAFNIUM 72	Ta TANTAL 73	W WOLFRAM 74	Re RHENIUM 75	Os OSMIUM 76	Ir IRIDIUM 77
Fr FRANCIUM 87	Ra RADIUM 88	ACTINOIDE 89 – 103	Rf RUTHERFORDIUM 104	Db DUBNIUM 105	Sg SEABORGIUM 106	Bh BOHRIUM 107	Hs HASSIUM 108	Mt MEITNERIUM 109

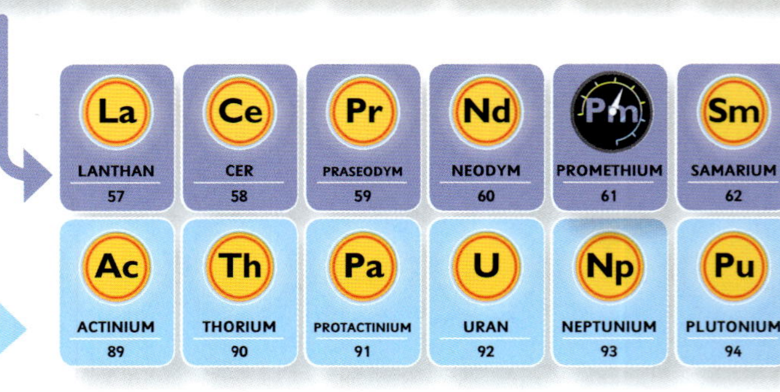

Jede vertikale Spalte ist eine „Gruppe“ von Elementen oder Elementfamilie. In manchen Gruppen haben die Elemente sehr ähnliche Eigenschaften. In anderen Gruppen haben die Elemente weniger gemeinsam.

Metalle und Nichtmetalle

Die meisten Elemente sind Metalle, die anderen werden Nichtmetalle genannt. Metalle sind meist fest, glänzend und hart. Sie leiten Wärme und Elektrizität. Silber, Aluminium und Zink sind Metalle. Kohlenstoff und Sauerstoff sind Nichtmetalle.

Der Eimer besteht aus dem Element Eisen. Damit er nicht rostet, ist er überzogen mit dem Element Zink.

Die Elemente im Körper stammen aus dem Essen.

Milch enthält das Element Kalzium, das der Körper für die Knochen und Zähne braucht.

Kennst du ein sehr gefährliches Element?

Jedes Element hat einen Namen, ein Symbol aus einem oder zwei Buchstaben und eine Ordnungszahl, die die Anzahl der Protonen in einem Atom des Elements angibt.

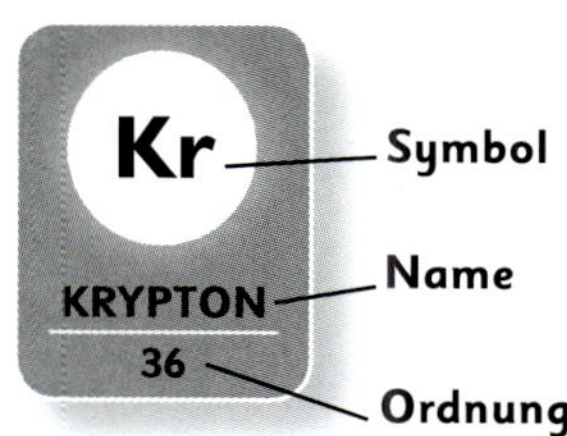

Sauerstoff ist das wichtigste Gas. Wir nehmen es beim Atmen auf.

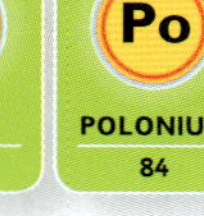

10	11	12	13	14	15	16	17	18
								He HELIUM 2
			B BOR 5	C KOHLENSTOFF 6	N STICKSTOFF 7	O SAUERSTOFF 8	F FLUOR 9	Ne NEON 10
			Al ALUMINIUM 13	Si SILIZIUM 14	P PHOSPHOR 15	S SCHWEFEL 16	Cl CHLOR 17	Ar ARGON 18
Ni NICKEL 28	Cu KUPFER 29	Zn ZINK 30	Ga GALLIUM 31	Ge GERMANIUM 32	As ARSEN 33	Se SELEN 34	Br BROM 35	Kr KRYPTON 36
Pd PALLADIUM 46	Ag SILBER 47	Cd CADMIUM 48	In INDIUM 49	Sn ZINN 50	Sb ANTIMON 51	Te TELLUR 52	I IOD 53	Xe XENON 54
Pt PLATIN 78	Au GOLD 79	Hg QUECKSILBER 80	Tl THALLIUM 81	Pb BLEI 82	Bi WISMUT 83	Po POLONIUM 84	At ASTAT 85	Rn RADON 86
Ds DARMSTADTIUM 110	Rg ROENTGENIUM 111							

Eu EUROPIUM 63	Gd GADOLINIUM 64	Tb TERBIUM 65	Dy DYSPROSIUM 66	Ho HOLMIUM 67	Er ERBIUM 68	Tm THULIUM 69	Yb YTTERBIUM 70	Lu LUTETIUM 71
Am AMERICIUM 95	Cm CURIUM 96	Bk BERKELIUM 97	Cf CALIFORNIUM 98	Es EINSTEINIUM 99	Fm FERMIUM 100	Md MENDELEVIUM 101	No NOBELIUM 102	Lr LAWRENCIUM 103

LEGENDE:

- **Alkalimetalle:** silbrige Metalle, sehr reaktionsfreudig.
- **Erdalkalimetalle:** glänzende, silbrig-weiße Metalle, reaktionsfreudig.
- **Übergangsmetalle:** meist sehr hart mit hohem Siede- und Schmelzpunkt.
- **Lanthanoide:** meist weiche, glänzende und silbrig-weiße Metalle.
- **Actinoide:** schwere, radioaktive Elemente.
- **Leichtmetalle:** weichere, schwächere Metalle.
- **Nichtmetalle:** bei Raumtemperatur meist gasförmig; als Festkörper sehr zerbrechlich.
- **Halogene:** sehr reaktionsfreudige und schädliche Nichtmetalle.
- **Edelgase:** Diese Nichtmetalle sind die am wenigsten reaktionsfreudigen Elemente überhaupt.

Mehr wissen …

über Elemente, Seite 64–65

über Elektrizität, Seite 76–77

Nützliche Elemente

Aus manchen Elementen machen wir schöne und nützliche Gegenstände.

Gold ist ein Edelmetall. Man stellt daraus Schmuck her.

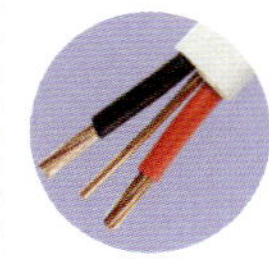

Kupfer leitet Elektrizität sehr gut, deshalb wird es oft für Drähte verwendet.

Silizium ist ein Nichtmetall, das für Computerprozessoren verwendet wird.

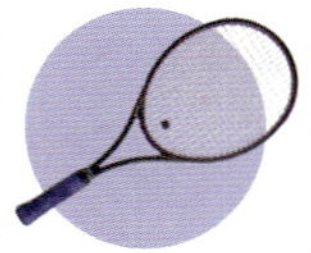

Kohlenstofffasern sind leicht und stabil und werden für Tennisschläger verwendet.

Eisen ist ein hartes Metall. Es ist magnetisch und sehr vielseitig verwendbar.

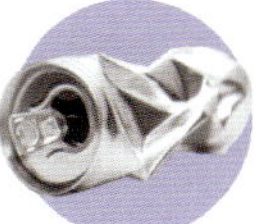

Aluminium ist ein weiches, glänzendes Metall, aus dem Dosen bestehen.

Schwefel ist ein gelbes Nichtmetall, das Reifengummi härter macht.

Titan ist ein leichtes Metall, das für Flugzeuge verwendet wird.

Helium ist ein Gas, das leichter ist als Luft. Ballone können damit fliegen.

Chlor, ein gelb-grünes Gas, wird für Bleichmittel und Kunststoff verwendet.

Quecksilber, ein flüssiges Metall, befindet sich manchmal in Zahnplomben.

Plutonium ist ein giftiges Schwermetall.

Elementeigenschaften

Im Periodensystem sind Elemente mit ähnlichen Eigenschaften jeweils in einer Gruppe angeordnet. Manche Gruppen bestehen aus Elementen, die leicht Verbindungen mit anderen eingehen, andere Elemente verbinden sich dagegen so gut wie nie.

Alkalimetalle
Diese weichen, leichten Metalle reagieren gut mit anderen Stoffen, z. B. Wasser. Legt man sie in Wasser, fängt es an zu sprudeln und zu spritzen. Das Alkalimetall Natrium verbindet sich mit dem Gas Chlor zu normalem Kochsalz.

Übergangsmetalle

Hierzu gehören bekannte und nützliche Metalle.

Silber wird für Medaillen, Dekoration, Schmuck und Tischbesteck verwendet.

Zink schützt vor Rost. Es wird oft verwendet, z. B. als Außenhülle für Batterien.

Nickel wird für Münzen verwendet, weil es seinen Glanz nicht verliert.

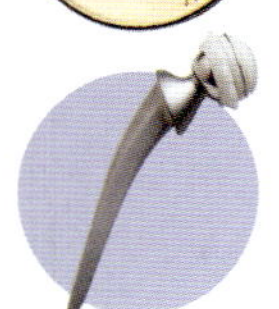

Titan ist leicht und sehr hart. Es wird für künstliche Knochen und Gelenke eingesetzt.

Was sind Übergangsmetalle?

Etwa 40 Elemente gehören zu den sogenannten Übergangsmetallen. Sie sind fest, glänzend und meist hart, eben wie Metalle. Auch die Edelmetalle Gold, Silber und Platin gehören zu ihnen.

Reines Gold findet man meist als Körnchen im Gestein. Ganze Goldbrocken (Nuggets) sind sehr selten und sind deshalb ein Vermögen wert.

Edelmetalle wie Gold halten ewig, weil sie fast nie mit anderen Elementen reagieren. Gold ist eines der am wenigsten reaktionsfreudigen Elemente.

Kalzium ist ein Erdalkalimetall. In Form von Kalk ist es in Muschelschalen enthalten.

Das blendende Licht von Feuerwerkskörpern stammt von brennendem Magnesium.

Erdalkalimetalle

Fünf Elemente, darunter Magnesium und Kalzium, heißen Erdalkalimetalle. Sie sind so weich und leicht wie Alkalimetalle. Mit Wasser reagieren sie nicht so stark, aber sie verbinden sich mit anderen Elementen zu Stoffen, die in der Natur sehr wichtig sind.

Edelgase

Die sechs Edelgase reagieren kaum mit anderen Elementen, als wären sie zu fein dazu (daher auch der Name). Aus Neon und Argon werden z. B. Laser und farbige Leuchten gemacht.

Halbmetalle

Die Elemente in dieser Gruppe sind weich und schwach, aber dennoch sehr nützlich. Zinn, Blei und Aluminium sind Beispiele für Halbmetalle.

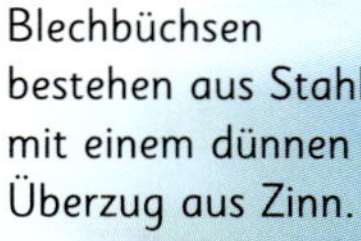

Blechbüchsen bestehen aus Stahl mit einem dünnen Überzug aus Zinn.

Chlor riecht sehr stark und brennt in den Augen.

Halogene

Zur Gruppe der Halogene gehören fünf Elemente, die alle sehr reaktionsfreudig sind. Das Gas Chlor ist ein sehr bekanntes Halogen. Weil es Keime abtötet, wird es dem Wasser in Schwimmbädern zugesetzt.

Rhodium. Es ist etwa 10 Mal so wertvoll wie Gold.

Verbindungen

Milch und Zerealien

Bei einer chemischen Reaktion mit verschiedenen Elementen entstehen Verbindungen. Wenn Stoffe einfach nur vermischt werden, ohne sich zu verbinden, entsteht ein Gemisch. Gemische lassen sich viel leichter wieder trennen als Verbindungen.

Der Fluss Colorado in Arizona (USA)

Suspension

Ein schlammiger Fluss ist ein Gemisch, das man auch „Suspension" nennt. Kleine Erdteilchen schweben im Wasser und machen es undurchsichtig.

Legierung

Wenn man verschiedene Metalle miteinander verschmilzt, erhält man eine sogenannte Legierung. Die Legierung hat andere Eigenschaften als die einzelnen Metalle. Dieser Krug besteht aus Hartzinn, einer Legierung aus Zinn und Blei, die viel härter ist als Zinn oder Blei alleine.

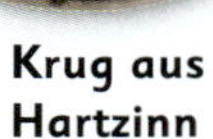
Krug aus Hartzinn

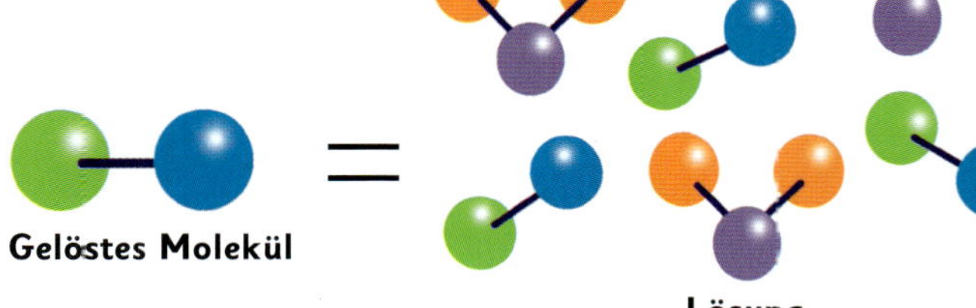

Lösung

Rührt man Zucker in Wasser, verteilen sich die Zuckermoleküle zwischen den Wassermolekülen. Der Zucker wird unsichtbar. Man sagt, der Zucker (der gelöste Stoff) hat sich im Wasser (dem Lösungsmittel) gelöst. Ein solches Gemisch heißt Lösung. Meerwasser ist eine Lösung aus Wasser und Salz. Verdunstet das Wasser, bleibt Salz übrig.

Am Ufer des Toten Meers in Jordanien lagert sich Salz ab.

Woraus besteht ein Ring aus 18-karätigem Gold?

Sahne und Käse erhält man durch das Trennen von Milch.

Verbindungen trennen

Um eine Verbindung in die einzelnen Elemente zu zerlegen, braucht man viel Energie. Um reines Eisen zu gewinnen, muss Eisenoxid in Eisen und Sauerstoff aufgespalten werden. Dies geschieht in sehr heißen Hochöfen.

Eisenerz (Gestein mit Eisenoxid)

Reines Eisen

Gemische trennen

Dazu gibt es verschiedene Methoden:

Verdunstung entfernt das Wasser aus Gemischen. Es wird zu Gas (Wasserdampf).

Filtrieren trennt größere Teilchen wie Kaffeepulver von einer Flüssigkeit.

Schleudern, wie in Waschmaschinen, trennt Flüssigkeiten von Festkörpern.

Destillierung trennt flüssige Gemische, indem sie zuerst verdunsten, dann kondensieren.

Milch

Erdbeeren mit Schlagsahne

Trennen von Milch

Vollmilch lässt sich in Sahne und Magermilch trennen, wenn man sie in einem Gefäß schleudert. Die schwerere Magermilch wird nach außen gedrückt, die leichtere Sahne bleibt in der Mitte zurück.

Chemische Reaktionen

Wenn die Atome in Molekülen neu angeordnet werden, sodass sie neue Moleküle bilden, nennt man dies eine chemische Reaktion. Dadurch verändern sich die Stoffe oft sehr stark.

Schmelzen ist keine chemische Reaktion.

Chemische Veränderung

Feuer wird durch eine chemische Reaktion verursacht. Wenn Holz brennt, bilden die Atome neue Moleküle. Bei dem Vorgang wird Energie frei, und zwar als Licht und Wärme. So entstehen die hellen Flammen.

Physikalische Veränderung

Nicht alle Veränderungen sind automatisch das Ergebnis von chemischen Reaktionen. Wenn Eis am Stiel schmilzt, bleiben die Wassermoleküle erhalten – eine physikalische Veränderung.

Verbrennen ist eine chemische Reaktion.

Energie wird frei

Chemische Reaktionen können Energie in Form von Wärme und Licht freisetzen. Wunderkerzen setzen viel Lichtenergie frei – ein sprühender Funkenregen.

Welche chemische Reaktion ist schuld, wenn Silber nicht mehr glänzt?

Reaktionen beschleunigen

Möhren werden beim Kochen weich, weil die Wärme eine chemische Reaktion in Gang setzt. Sind die Möhren in Scheiben geschnitten, läuft die Reaktion schneller ab, weil die Möhren eine größere Berührungsfläche mit dem Wasser haben.

Scheiben kochen schneller weich als ganze Möhren.

Licht im Dunkel

Leuchtstäbe leuchten wegen einer chemischen Reaktion, die Lichtenergie freisetzt. Legt man den Stab vorher in den Kühlschrank, läuft die Reaktion langsamer ab und der Stab hält länger.

Probier's aus!

Bitte einen Erwachsenen, Rotkohl zu kochen. Bewahre das farbige Wasser auf und lass es abkühlen. Füge entweder Säure (Essig) oder Lauge (Natron) dazu und schau, was passiert!

Vulkan

Lässt man Minzbonbons in ein kohlensäurehaltiges Getränk fallen, schäumt es sofort sehr stark und explodiert förmlich. Das ist keine chemische, sondern eine physikalische Reaktion. Die raue Oberfläche der Bonbons bewirkt, dass das im Getränk gelöste Gas viel schneller Blasen bildet.

Silber läuft an, wenn die Silberatome mit den Sauerstoffatomen der Luft reagieren.

Für immer anders

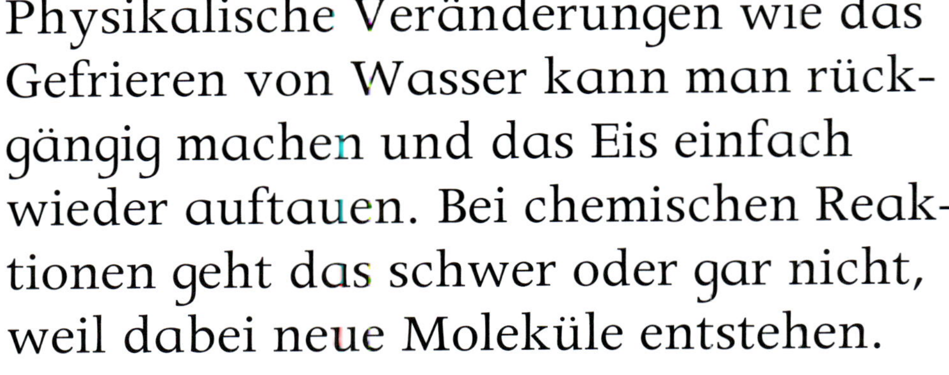

Physikalische Veränderungen wie das Gefrieren von Wasser kann man rückgängig machen und das Eis einfach wieder auftauen. Bei chemischen Reaktionen geht das schwer oder gar nicht, weil dabei neue Moleküle entstehen.

Nylonjacke

Künstliche Stoffe

Mithilfe von chemischen Reaktionen stellt man neue Stoffe her, die es in der Natur nicht gibt. Nylon ist z. B. ein Stoff, der aus Bestandteilen von Erdöl hergestellt wird. Nylon wird oft für Kleidung verwendet.

Kochen und Backen

Beim Kochen werden chemische Reaktionen ausgelöst, die die Nahrung dauerhaft verändern. Wenn der frisch gebackene Kuchen abkühlt, verwandelt er sich nicht wieder in den weichen Teig zurück.

Backpulver

Backpulver sorgt dafür, dass Kuchenteig aufgeht. Es enthält Chemikalien, die im feuchten Zustand reagieren und Gasbläschen erzeugen.

Frische Paprikaschoten sehen fest, saftig und hell aus.

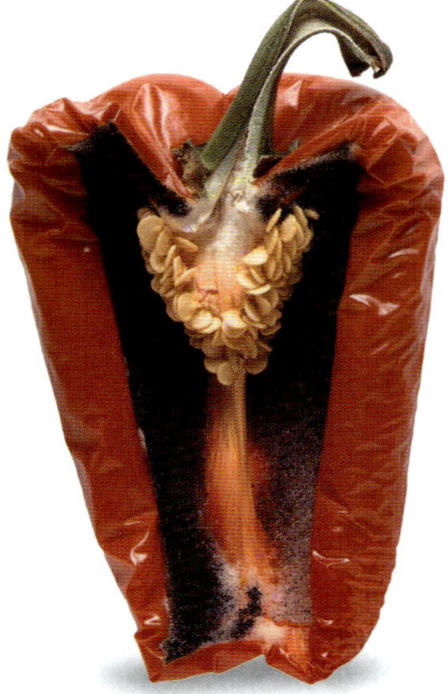

Beim Verfaulen werden sie faltig, trocken und dunkel.

Verfaulen

Faulende Nahrung steckt voller kleiner Lebewesen wie Bakterien und Pilze. Sie lösen chemische Reaktionen aus, die die Moleküle in der Nahrung für immer zersetzen.

Warum erhalten manche Autoteile einen glänzenden Chromüberzug?

Vor dem Fall

Laubbäume verlieren im Herbst ihre Blätter. Bevor die Blätter abfallen, werden sie erst gelb und dann orange oder rot, weil eine chemische Reaktion in den Zellen der Blätter den grünen Farbstoff (das Chlorophyll) zerstört.

Ahornblätter färben sich orange, wenn sie absterben.

Felsenfest

Beton ist ein Gemisch aus Kies, Sand, Zementpulver und Wasser. Durch eine che mische Reaktion zwischen Wasser und Zement wird die Mischung dauerhaft hart wie ein Fels. Daher eignet sich Beton z. B. ideal für Staudämme.

Mehr wissen ...

über Pflanzen, Seite **20–21**

über Ökosysteme, Seite **44–45**

Rosten

Eisen reagiert chemisch mit dem Sauerstoff in der Luft und bildet rotbraunen Rost. Autos werden z. B. zum Schutz vor Rost lackiert.

Starker Rost

Chrom schützt das darunterliegende Eisen vor dem Verrosten.

Was ist Energie?

Energie treibt alles an. Dein Körper braucht Energie, um sich zu bewegen, zu wachsen und sich warm zu halten. Energie treibt auch Autos an, sorgt für Licht in den Häusern und vieles mehr.

Sonne

Wir erhalten die meiste Energie von der Sonne. Pflanzen nehmen ihr Licht auf und speichern die Energie in chemischer Form. Diese gelangt mit dem Essen in unseren Körper und wird in den Zellen freigesetzt. Auf diese Weise nutzen alle Tiere und Pflanzen die Sonnenenergie.

Auf der Erde kommt nur ein kleiner Bruchteil der Sonnenenergie an.

Der Bogen speichert die Energie des Spannens. Lässt man ihn los, schnellt er in seine ursprüngliche Form zurück und setzt die gespeicherte Energie frei.

Energiequellen

Energie stammt aus verschiedenen Quellen.

Wind dreht Windturbinen, die diese Bewegungsenergie in Elektrizität umwandeln.

Geothermische Energie ist Wärme aus dem tiefen Inneren der Erde.

Pflanzen verbrennen und liefern Licht sowie Wärme zum Kochen und Heizen.

Wellen werden zur Erzeugung kleiner Mengen von Elektrizität verwendet.

Dämme nutzen die Energie von Flüssen, um Elektrizität zu erzeugen.

Sonnenenergie wird von Sonnenkollektoren in Elektrizität umgewandelt.

Fossile Brennstoffe wie Öl treiben Fahrzeuge an und erzeugen auch Elektrizität.

Energie speichern

Ein Gegenstand kann Energie speichern und später wieder freisetzen. Beim Aufziehen einer Uhr wird die Energie in einer Feder gespeichert. Gespeicherte Energie nennt man auch potenzielle Energie, weil sie die Möglichkeit (das Potenzial) bietet, dass etwas geschieht.

Wird Energie vernichtet, wenn wir sie verbrauchen?

Bewegungsenergie
Achterbahnen starten immer hoch oben, weil sie dadurch viel potenzielle Energie speichern. Beim Abwärtsfahren verwandelt sich die potenzielle Energie in Bewegungsenergie, sodass sie immer schneller werden.

Kernenergie
Materie besteht aus winzigen Teilchen, den Atomen. Im Atomkern sind riesige Mengen von Energie gespeichert. Mit dieser Energie wird in Kernkraftwerken Elektrizität erzeugt.

Elektrische Energie
In Blitzen entlädt sich die elektrische Energie der Gewitterwolken. Elektrische Energie verwandelt sich in Wärme und Licht (Blitz) und in Schallenergie (Donner).

Wissens-Quiz

Wo findest du in diesem Kapitel über Energie und Kräfte die Bilder, die hier abgebildet sind?

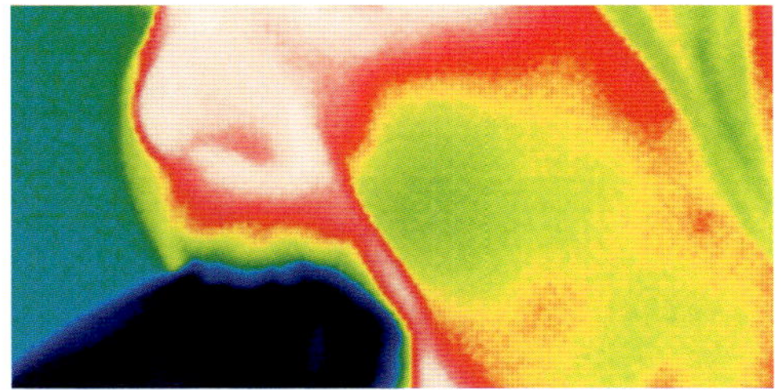

Mehr wissen ...

über das Licht, Seite **82–83**

über Wärme, Seite **86–87**

Energie wird nie vernichtet. Sie verwandelt sich nur in andere Energieformen.

Energiekette

Die Schritte der Umwandlung von Energie in ihre verschiedenen Formen lassen sich zu einer Kette zusammenfügen.

Kohle enthält chemische Energie.

Brennende Kohle erzeugt Wärme, die Wasser zum Kochen bringt.

Dampf ist eine Form der Bewegungsenergie, die Turbinen antreibt.

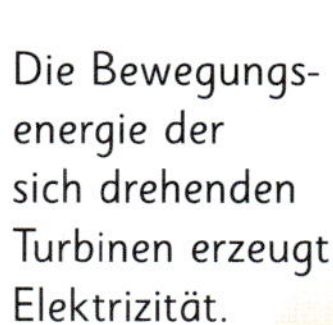

Die Bewegungsenergie der sich drehenden Turbinen erzeugt Elektrizität.

Elektrische Energie, die von Fernsehgeräten verbraucht wird, erzeugt Licht-, Schall- und Wärmeenergie.

Umwandlungen

Überall um uns herum wird ständig Energie umgewandelt. Du machst es sogar selbst jeden Tag: Wenn du das Licht einschaltest, verwandelst du elektrische Energie in Lichtenergie.

Antriebskraft
Autotreibstoff besitzt viel chemische Energie. Beim Starten des Motors wird die chemische Energie in Wärme umgewandelt. Dies ist der erste Schritt von vielen Energieumwandlungen, die Autos zum Fahren bringen.

Wärme in Schall
Ein Teil der Wärme wird zu Schall. Der Motor eines Rennwagens kann unglaublich laut werden!

Wie nennt man Energiequellen wie Kohle, Öl und Erdgas?

Energiestrom

Energie wird als elektrischer Strom durch Drähte geleitet. Die elektrische Energie in diesem Schaltkreis wird von der chemischen Energie in der Batterie erzeugt.

Energie sparen

Da Energie wertvoll ist, sollte man sie einsparen, wo man kann.

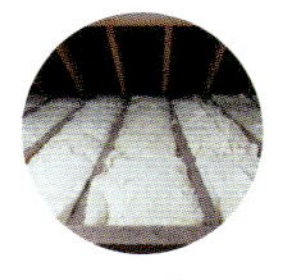

Dachisolierungen verhindern, dass die Wärmeenergie aus einem Haus entweicht.

Energiesparlampen halten länger und verbrauchen weniger Energie als herkömmliche Lampen.

Waschen bei niedrigen Temperaturen spart Energie beim Aufheizen des Wassers.

Nur so viel Wasser kochen, wie man wirklich braucht, spart Zeit und Energie.

Vorwärts kommen

Ein Teil der Wärme wird durch die Bewegung der Kolben in Bewegungsenergie umgewandelt. Das Fahren des Autos ist auch Bewegungsenergie.

Feuerrad

Ein Teil der Bewegungsenergie in den Reifen wird in Wärme umgewandelt. Die heißesten Teile sind hier weiß und gelb dargestellt.

Mehr wissen …

über Energieformen, Seite **72–73**

über Rohstoffe, Seite **110–111**

Elektrizität

Hast du schon einmal darüber nachgedacht, woher Fernsehgeräte, Computer oder Lampen ihre Energie nehmen? Sie werden alle von elektrischem Strom gespeist.

Energieversorgung

Der elektrische Strom wandert durch lange Leitungen, die teils unter, teils über der Erde verlegt sind, bis in jedes Haus. Über der Erde tragen Strommasten die dicken, schweren Leitungskabel.

Elektrizität erzeugen
Elektrizität kann aus jeder Energiequelle gewonnen werden: Kohle, Erdgas, Erdöl, Wind oder Sonnenlicht. Windturbinen nutzen die Bewegungsenergie des Winds, um Strom zu erzeugen.

Im Alltag

Wir brauchen elektrischen Strom für viele alltägliche Dinge.

Heizen Strom erhitzt Haushaltsgeräte wie Bügeleisen und Herd.

Beleuchtung Strom bringt Licht in Wohnungen, Schulen, Büros und Straßen.

Kommunikation Telefone und Computer brauchen elektrischen Strom.

Verkehr Strom treibt auch Fahrzeuge an, z. B. Züge und Straßenbahnen.

Wie heißt ein kleines Gerät, das Elektrizität speichern kann?

Der Stromkreis

Ein Stromkreis ist eine ununterbrochene Kreisstrecke, durch die Strom fließen kann. Der Strom fließt im Kreis durch die Drähte und bringt die Lampe zum Glühen.

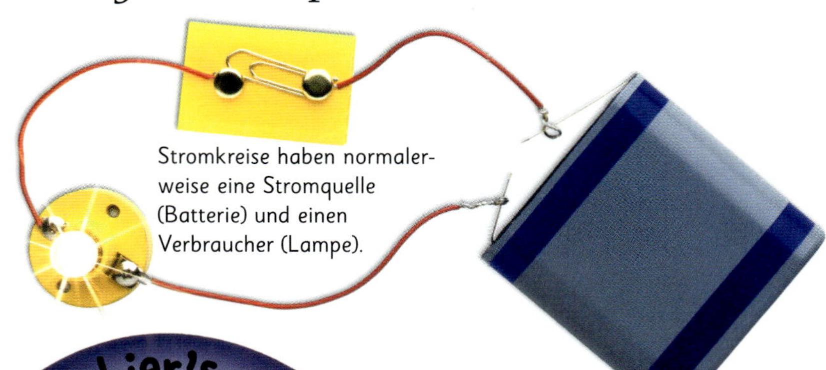

Stromkreise haben normalerweise eine Stromquelle (Batterie) und einen Verbraucher (Lampe).

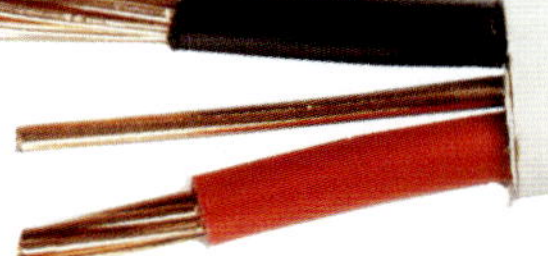

Elektrische Kabel
Kabel bestehen aus Metall und Kunststoff. Der Strom fließt durch das Metall (Leiter). Der Kunststoff (Isolierung) sorgt dafür, dass der Strom im Kabel bleibt.

Probier's aus!

Wenn du einen Luftballon am Pulli reibst, bleibt er anschließend an der Wand „kleben", weil er durch die Reibung elektrisch aufgeladen wurde.

Blitzschlag

Elektrizität, die sich an einem Ort aufbaut, nennt man statische Elektrizität. Ein Blitz ist nichts anderes als eine riesige Entladung statischer Elektrizität am Himmel.

Hochspannung!
Elektrizität ist meist sehr gefährlich. Dieses Dreieck ist ein internationales Warnsymbol. Es heißt: „Vorsicht: Gefahr von Stromschlag".

Die Nahrungsbatterie
Nahrung, die Wasser und eine schwache Säure enthält, leitet Strom. In dieser Nahrungsbatterie wird der elektrische Strom durch eine chemische Reaktion zwischen dem Metall und der Säure erzeugt.

Batterie.

Magnetismus

Magnete bestehen aus magnetisierbarem Metall, z. B. Eisen. Sie haben magnetische Kraft, die andere Gegenstände aus Eisen anzieht.

Magnete ziehen Eisen an. Dieser hat Papierklammern aus Stahl angezogen, weil im Stahl Eisen enthalten ist.

Anziehung oder Abstoßung?

Magnete können sich gegenseitig anziehen oder abstoßen.

Regeln

Die Enden eines Magneten heißen Nord- und Südpol. Entgegengesetzte Pole ziehen sich an, gleiche Pole stoßen sich ab.

Die entgegengesetzten Pole zweier Magnete ziehen sich an.

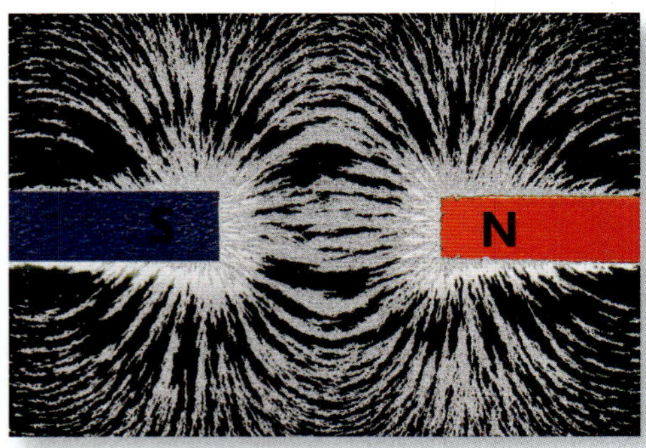

Wenn sich die entgegengesetzten Pole zweier Magnete annähern, ziehen sie sich an. Eisenspäne zeigen die Linien des Kraftfelds zwischen den Magneten.

Das Nordlicht verdanken wir zum Teil den magnetischen Kräften in der Atmosphäre.

Leuchterscheinung

Wenn Teilchen des Sonnenwinds (der von der Sonne strömt) vom Magnetfeld der Erde in die Atmosphäre gelenkt werden, entstehen herrliche Lichter.

Die Erde hat ein Magnetfeld.

Die Erde als Magnet

Die Erde verhält sich, als befinde sich zwischen Nord- und Südpol ein riesiger Magnet. Deshalb kann man sich am Kompass orientieren. Die Nadel zeigt immer zum magnetischen Nordpol.

Was ist ein Magnetometer?

Elektromagnete

Fließt elektrischer Strom durch eine Drahtspule, wird die Spule magnetisch. So baut man Elektromagnete. Automatische Türen, Lautsprecher und Elektromotoren funktionieren mit Elektromagneten.

Magnetische Kräfte

Manche Kräne haben anstelle von Haken riesige Elektromagnete, die ein- und ausgeschaltet werden können.

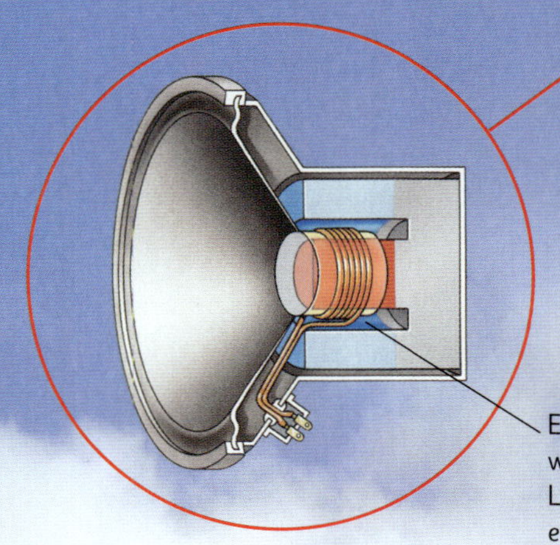

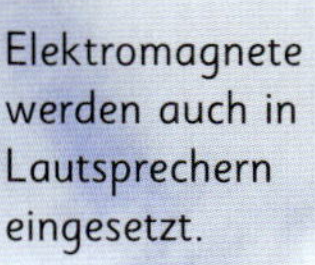

Elektromagnete werden auch in Lautsprechern eingesetzt.

Wenn der Kranführer den Elektromagneten einschaltet, zieht der Kran riesige Teile aus Eisen und Stahl an.

Magnetische Gleise

Schwebebahnen werden von magnetischen Kräften über den Gleisen gehalten. Die Züge schweben tatsächlich in der Luft.

Magnet-Schwebebahnen werden in Japan, Deutschland und in den USA entwickelt.

Probier's aus!

Gehe mit einem Magneten durch's Haus und sieh nach, welche Dinge aus magnetischem Material bestehen. Dein Magnet wird von magnetischen Dingen angezogen.

Ein Gerät, das die Stärke eines Magnetfeldes misst.

Energiewellen

Wenn man Steine in einen Teich wirft, erzeugen kleine Steinchen niedrige, eng zusammenliegende Wellen und große Steine hohe, breite Wellen. Auch Energie breitet sich in verschieden großen Wellen aus.

Radiowellen

Radiowellen sind die längsten Wellen. Rundfunk- und Fernsehprogramme werden als Radiowellen gesendet.

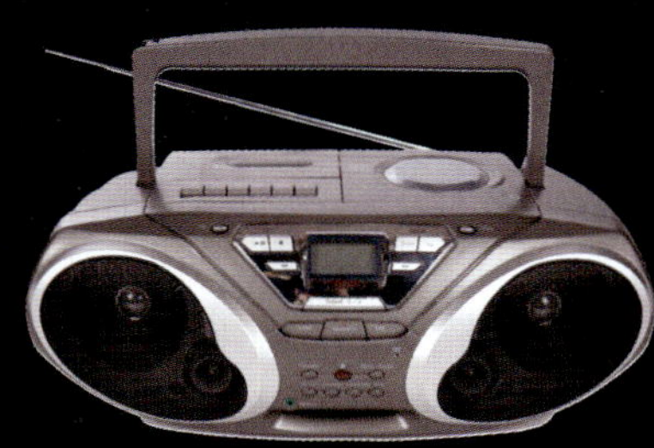

Das Spektrum

Licht besteht aus Energiewellen, die wir sehen können. Es gibt aber noch andere Energiewellen, die unsichtbar sind. Manche haben längere, andere kürzere Wellen als Licht.

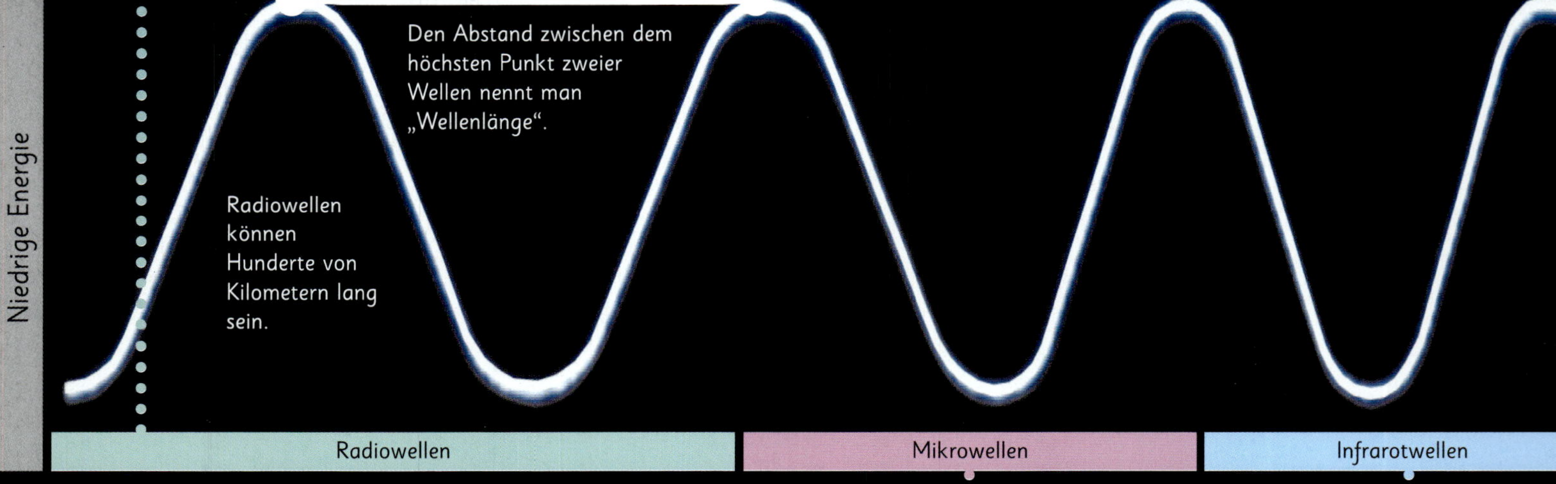

Mikrowellen

In Mikrowellenherden kann man Essen erhitzen. Mikrowellen werden auch von Handys und Weltraumsatelliten genutzt.

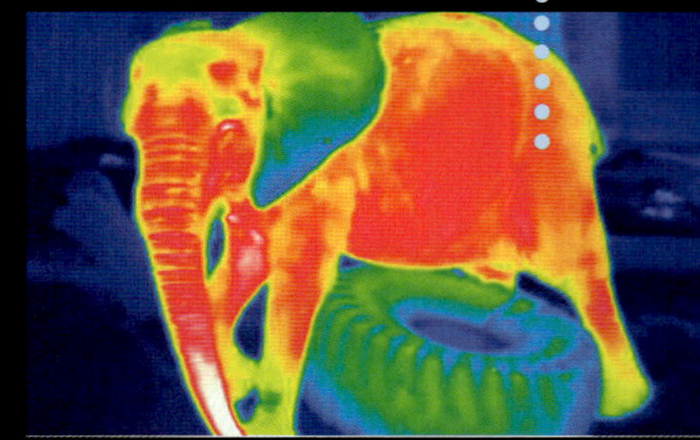

Infrarotwellen

Warme Gegenstände geben Infrarotwellen ab. Eine Infrarotkamera kann sie auffangen und Bilder davon machen.

Was können Menschen nicht sehen, Bienen aber schon?

Sichtbares Licht

Wir sehen die Dinge, weil sie Licht reflektieren. Das sichtbare Licht umfasst alle Farben des Regenbogens. Jede Farbe hat eine bestimmte Wellenlänge.

Röntgenstrahlen

Diese unsichtbaren Wellen durchdringen den Körper, aber nicht die Knochen. Ärzte können damit die Knochen sehen.

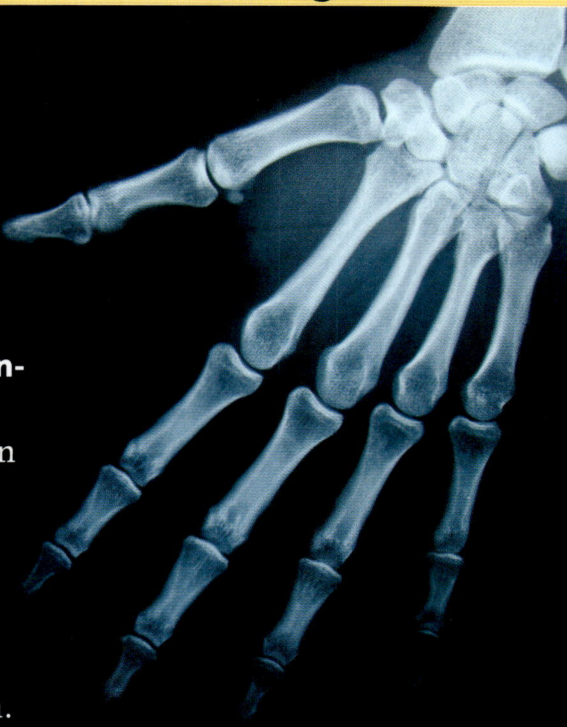

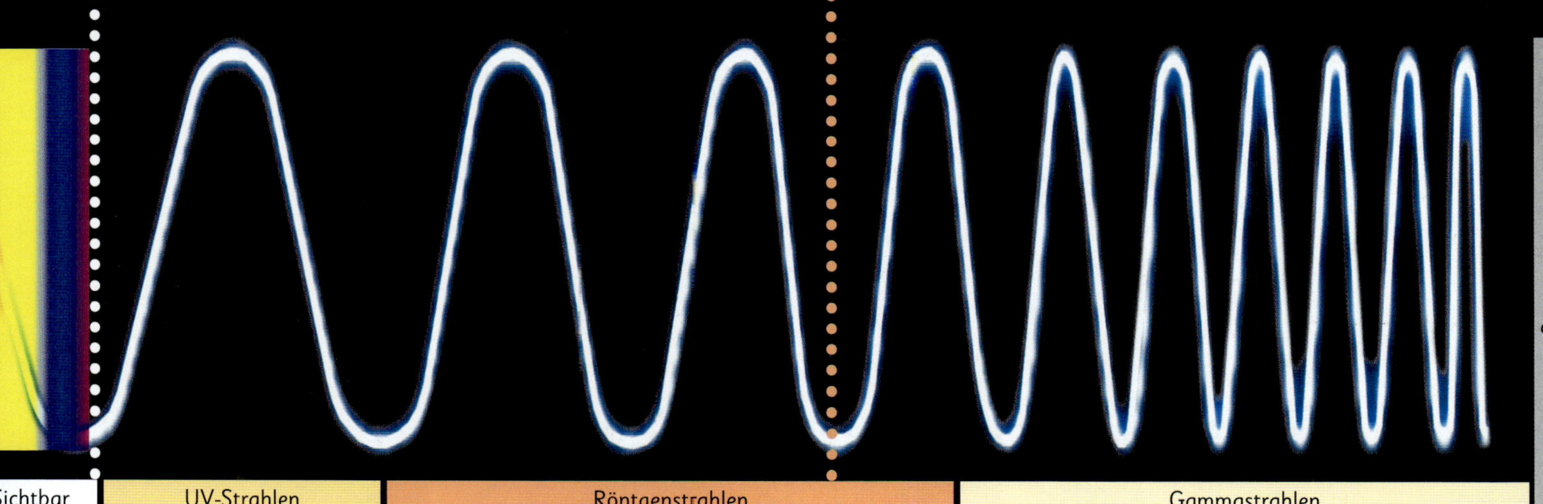

Ultraviolettes (UV) Licht

Neben dem sichtbaren Licht sendet die Sonne auch unsichtbares UV-Licht aus. Es lässt dich braun werden, aber zu viel davon löst Hautkrebs und Augenschäden aus.

Gammastrahlen

Die Wellenlänge von Gammastrahlen ist oft so klein wie der Durchmesser von Atomkernen. Gammastrahlen sind sehr energiereich. Sie sind sehr stark und wirken tödlich. Ärzte töten mit ihnen Krebszellen.

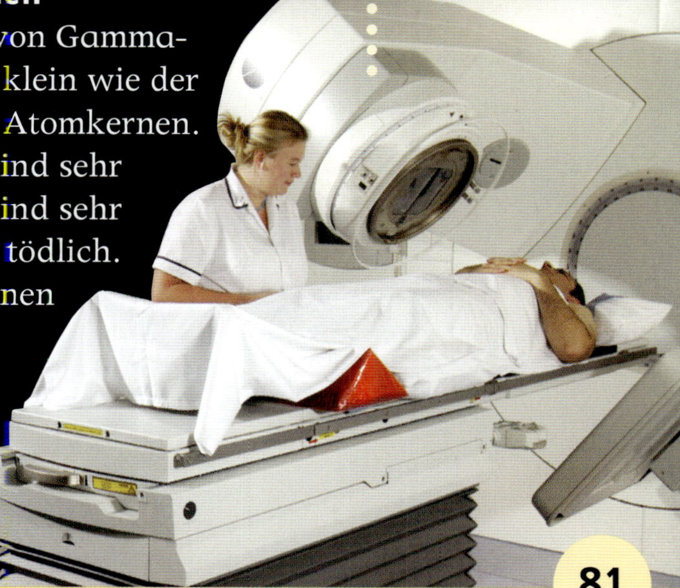

Dieser Mann wird mit Gammastrahlen bestrahlt, die Krebszellen in seinem Körper abtöten sollen.

Licht

Licht können wir mit den Augen wahrnehmen. Es hat alle Farben des Regenbogens, aber da sie gemischt sind, ergeben sie weißes Licht.

Leuchtkäfer
Manche Tiere können selbst Licht erzeugen. Der Schwanz von Leuchtkäfern leuchtet nachts, um Partner anzulocken.

Woher kommt das Licht?

Licht kommt aus dem Inneren von Atomen. Wenn ein Atom Energie verliert, gibt es diese als Lichtteilchen ab.

Kerzenlicht wird durch eine chemische Reaktion erzeugt, bei der die im brennenden Wachs gespeicherte Energie freigesetzt wird.

Licht und Schatten
Licht kann sich nur geradeaus bewegen. Wenn ihm etwas in die Quere kommt, entsteht ein Schatten – ein dunkler Bereich, den das Licht nicht erreicht.

Verwendung

Licht hat viele Verwendungsmöglichkeiten:

CDs und DVDs speichern digitale Informationen, die von einem Laserstrahl gelesen werden.

Kameras fangen für ein Foto einen kurzen Moment lang das Licht ein.

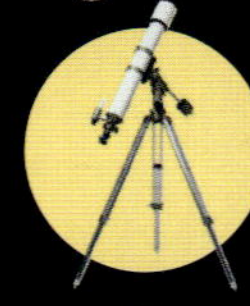

Teleskope verstärken das Licht von weit entfernten Sternen und Planeten.

Spiegel reflektieren das Licht, damit wir uns selbst betrachten können.

Periskope beugen das Licht, damit wir um die Ecke sehen können.

Taschenlampen leuchten, damit wir uns im Dunkeln zurechtfinden.

Weißt du, wie schnell Licht ist?

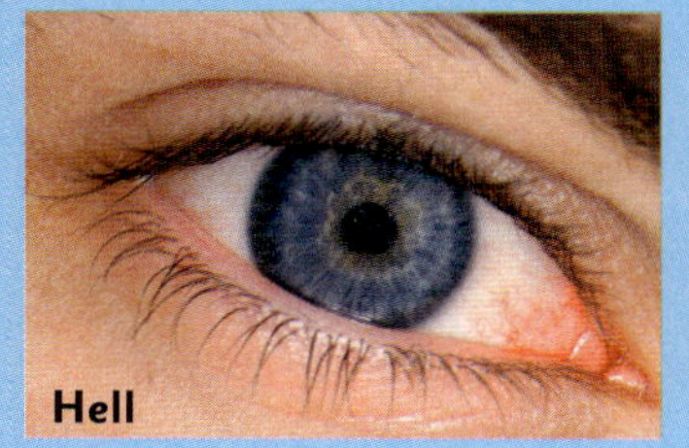

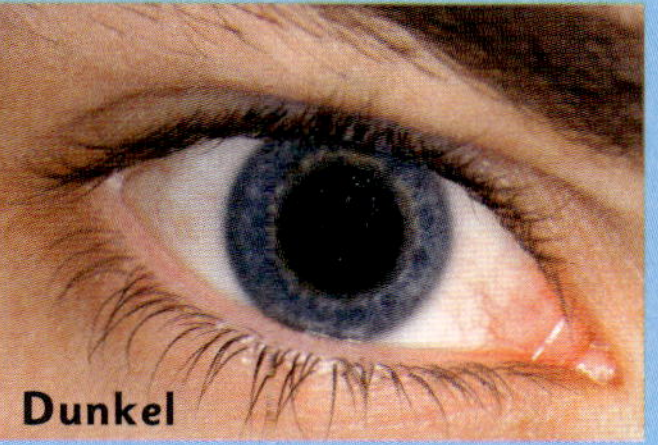

Licht dringt durch die Pupillen ins Auge ein (die schwarzen Kreise in der Mitte). Im Dunkeln werden die Pupillen weiter, um mehr Licht einzulassen. Ist es hell, ziehen sie sich zusammen, damit nicht zu viel eindringt.

So funktioniert das Auge

Menschliche Augen funktionieren wie eine Kamera. Vorne im Auge wird das Licht gebündelt und die gebündelten Lichtstrahlen erzeugen im Hintergrund ein umgekehrtes Bild.

Baum

Hornhaut

Linse

1. Lichtstrahlen vom Baum gelangen ins Auge.

2. Die Hornhaut (vorne) und die Linse bündeln die Strahlen.

3. Im Augenhintergrund entsteht ein Bild, das von lichtempfindlichen Zellen zum Gehirn gesendet wird.

4. Das Gehirn dreht das Bild wieder richtig herum.

Lichtstrahlen

Licht wird erst sichtbar, wenn es in die Augen gelangt. Du kannst den Lichtstrahl eines Leuchtturms nur dann von der Seite aus sehen, wenn Lichtstrahlen von Staub- oder Nebelteilchen in der Luft in deine Richtung abgelenkt werden. Der Lichtstrahl des Leuchtturms dreht sich im Kreis und ist von weit weg sichtbar.

Spiegelbild

Trifft Licht auf einen Spiegel, wird es zurückgeworfen (reflektiert). Blickst du in den Spiegel, siehst du das zurückgeworfene Licht als Spiegelbild.

Konvexe Spiegel biegen sich nach außen. Die Dinge werden verkleinert, aber man sieht einen größeren Bereich.

Konkave Spiegel sind nach innen gebogen. Sie vergrößern die Dinge, zeigen aber einen kleineren Bereich.

Es bewegt sich mit einer Geschwindigkeit von etwa 1 Milliarde km/h.

Schall

Jeder Ton beginnt mit einer Schwingung – wie bei einer Gitarrensaite. Die Schwingung verkürzt und verlängert die Luft zwischen dem schwingenden Gegenstand und dem Ohr. Das nennt man Schallwelle.

Probier's aus!

Wenn du über den Rand einer Flasche bläst, vibriert die Luft in der Flasche. Kleine Lufträume vibrieren schneller und erzeugen höhere Töne. Leere Flaschen erzeugen daher tiefere Töne als volle.

Lautlos im Weltraum

Schall kann durch Festkörper, Flüssigkeiten und Gase übertragen werden, nur nicht durch leeren Raum. Im Weltall gibt es also keine Töne.

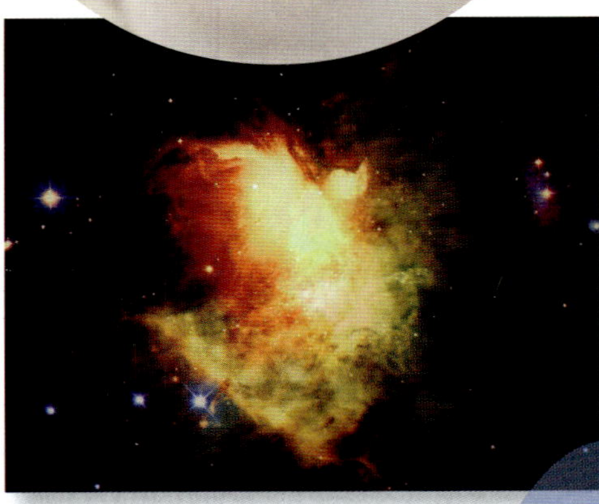

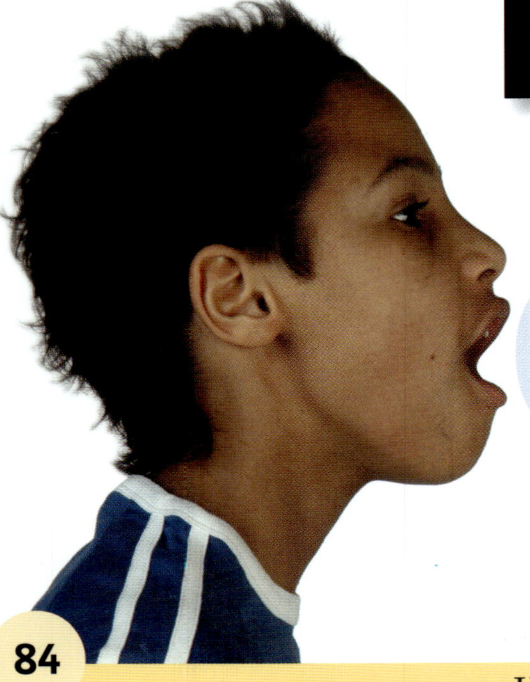

Schallwellen pflanzen sich durch die Luft fort wie eine Welle entlang einer Spiralfeder.

So funktionieren die Ohren

Erreicht ein Ton das Ohr, beginnt das Trommelfell zu schwingen. Die Schwingungen werden über winzige Knochen ins Innere des Ohrs übertragen. Dort senden Nerven Botschaften an das Gehirn, das den Ton erkennt.

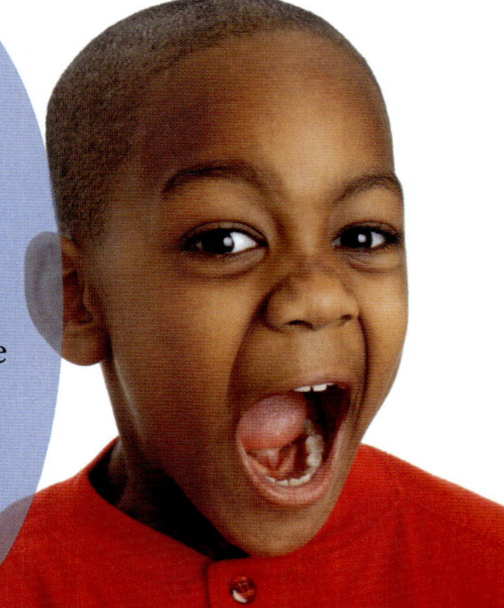

Töne messen

Die Lautstärke misst man in Dezibel.

Raschelnde Blätter haben eine Lautstärke von nur 10 Dezibel.

Flüstern erreicht etwa 20 Dezibel.

Stadtverkehr ist ungefähr 85 Dezibel laut.

Ein Schlagzeug erzeugt einen Krach von etwa 105 Dezibel.

Presslufthämmer erreichen etwa 110 Dezibel.

Das Brüllen eines Löwen wurde schon einmal mit 114 Dezibel gemessen.

Feuerwerksraketen haben manchmal 120 Dezibel oder mehr.

Düsentriebwerke können bis zu 140 Dezibel erreichen.

Hören Tiere dieselben Töne wie wir?

Superschnell

Schall bewegt sich immer mit gleicher Geschwindigkeit. Durch Festkörper und Flüssigkeiten bewegt er sich aber schneller als durch Gase. Überschallflugzeuge fliegen schneller als der Schall. Du hörst sie erst, wenn sie schon vorbeigeflogen sind.

Wenn ein Überschallflugzeug die Schallgeschwindigkeit überschreitet, holt es die vor ihm herfliegenden Schallwellen ein und presst sie zusammen. Bei diesem Zusammenquetschen der Luft entsteht der sogenannte „Überschallknall".

Das Echo

Manche Tiere benutzen Töne, um zu kommunizieren oder zur Jagd. Delfine „sprechen" durch Klicken, Bellen und andere Töne. Mit Klicklauten finden sie auch ihre Beute. Sie fangen deren Echo auf und erkennen daran die Form und Position. Das nennt man Echo-Ortung.

An den Tönen, die zurückgeworfen werden, erkennt der Delfin, ob er eine leckere Beute gefunden hat oder einen anderen Delfin.

Hunde können höhere Töne hören als Menschen, Tintenfische hören gar nichts.

Wärme

Atome und Moleküle sind ständig in Bewegung. Je schneller sie sich bewegen, desto mehr Energie hat ein Gegenstand. Wir spüren diese Energie als Wärme. In heißen Stoffen bewegen sich die Atome sehr schnell, in kalten dagegen langsam.

Wärmequellen

Wärme entsteht auf verschiedene Weise.

Reibung erzeugt Wärme. Rutschen die Hände am Seil entlang, werden sie warm.

Verbrennung erzeugt Wärme. Ein brennendes Feuer gibt Wärme ab.

Elektrizität heizt elektrische Herde, Backöfen und Heizkörper auf.

Wärmendes Gefühl

Wärme breitet sich von heißen auf kalte Dinge aus. Berührst du etwas Warmes, fließt Wärmeenergie in deine Haut. Sie regt Sinneszellen an, die dir ein warmes Gefühl vermitteln. Berührst du etwas Kaltes, fließt die Wärme aus deiner Haut hinaus und löst dabei ein anderes Gefühl aus.

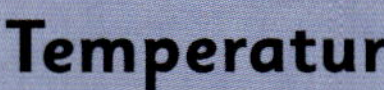

Temperatur

Die Temperatur wird mit einem Thermometer gemessen. Es zeigt auf einer Zahlenskala an, wie warm ein bestimmter Gegenstand ist.

Warmes Glühen

Warme Gegenstände geben unsichtbare Wärmestrahlung ab, die sich wie Licht fortbewegt. Sie heißt Infrarotstrahlung. Spezielle Kameras können Infrarotbilder aufnehmen. Warme Bereiche sind weiß oder rot, kalte sind dunkel.

Schön kühl

Die Sonne sendet ihre Wärme auch als Infrarotstrahlung aus. Sie wird – wie Licht – von weißen Dingen zurückgeworfen und von schwarzen aufgenommen. In heißen Ländern streicht man Häuser weiß, damit es innen kühl bleibt.

Einfach tragen lassen
Erhitzt die Sonne den Boden, erwärmt er sich und warme Luft steigt auf. Vögel lassen sich auf den warmen Luftströmungen in die Höhe tragen.

Auf warmen Luftströmen gleiten Adler ohne einen einzigen Flügelschlag dahin.

Wärmeleitung

Wärme wird durch Berührung zwischen Körpern übertragen. Heiße Atome, die sich sehr schnell bewegen, stoßen gegen kühlere Atome, die sich dann auch schneller bewegen und Wärme übertragen.

Wärme breitet sich durch diesen Metallstab aus. Metall ist ein sehr guter Wärmeleiter.

Konvektion

Warmes Wasser (oder Luft) steigt auf und kühles Wasser (Luft) strömt in den frei werdenden Raum. Das nennt man Konvektion. Sie hält die Meeresströmungen in Bewegung und verteilt die Wärme über die Erde.

Interessant!
Grubenottern – das sind Schlangen – haben Wärmesensoren am Kopf. Mit ihrer Hilfe können die Schlangen beim Jagen in der Dunkelheit Mäuse an ihrer Körperwärme erkennen.

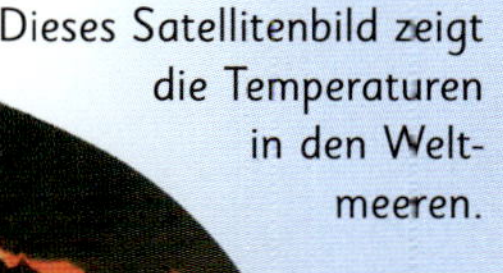

Dieses Satellitenbild zeigt die Temperaturen in den Weltmeeren.

Schön warm
Kaiserpinguine leben in der eiskalten Antarktis. Ihre Federn schließen um den Körper herum eine isolierende Luftschicht ein, damit sie keine Wärme durch Wärmeleitung verlieren.

Ja, wenn man einen Iglu daraus baut. Schnee isoliert gut.

Schwerkraft
Sie bewirkt, dass auf der Erde Dinge zu Boden fallen, hält die Erde auf ihrer Umlaufbahn um die Sonne und den Mond in seiner Bahn um die Erde. Insgesamt ist sie eine der wichtigsten Kräfte im Universum.

Kräfte

Kräfte bewirken, dass Dinge in Bewegung geraten oder ihre Form verändern. Manche Kräfte wirken nur bei Berührung, andere, wie Schwerkraft und Magnetismus, wirken über weite Entfernungen.

Der Spaceshuttle braucht drei Raketen, um die Schwerkraft der Erde zu überwinden.

Wenn die Ketten reißen, würden die Kinder in gerader Richtung nach vorn schießen.

3 – 2 – 1 – Start!
Um die Schwerkraft der Erde zu überwinden, braucht ein Raumschiff ungeheure Kraft. Diese Schubkraft liefern Raketen. Sie erzeugen heiße Gase, die sich ausdehnen und nach unten ausströmen, sodass das Raumschiff sehr schnell nach oben geschoben wird.

Karussellfahrt
Die Mitfahrer in einem Kettenkarussell werden nach außen gedrückt. Diese sogenannte Fliehkraft ist aber keine echte Kraft. Sie entsteht dadurch, dass die Körper sich geradeaus bewegen wollen, aber die Ketten sie zurückhalten.

Welche Kraft bewirkt, dass Kompassnadeln immer zum Nordpol zeigen?

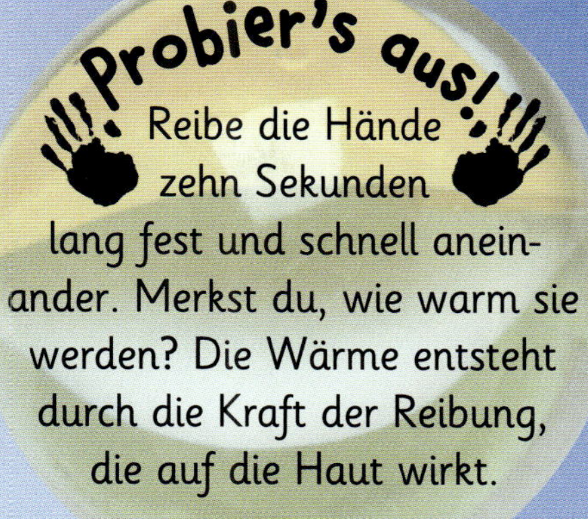

Probier's aus!

Reibe die Hände zehn Sekunden lang fest und schnell aneinander. Merkst du, wie warm sie werden? Die Wärme entsteht durch die Kraft der Reibung, die auf die Haut wirkt.

Reibung

Wenn Gegenstände aneinanderreiben oder aufeinandergleiten, entsteht Reibungskraft. Sie bremst Gegenstände, die sich bewegen, weil sie Bewegungsenergie in Wärmeenergie umwandelt.

Die Gleitfläche der Skier ist sehr glatt geschliffen und zusätzlich gewachst, damit möglichst wenig Reibung entsteht.

Reibung bremst die Skier.

Elektrische Kräfte

Wenn Gegenstände sich elektrisch aufladen, ziehen sie sich mit einer Kraft an, die so ähnlich wirkt wie Magnetismus. Wenn du einen Ballon an deinen Haaren reibst, lädt er sich auf und bleibt dann an deinem T-Shirt „kleben".

Auftrieb

Eine Kraft namens Auftrieb bewirkt, dass Gegenstände schwimmen. Ist etwas leichter als Wasser, ist die Auftriebskraft größer als die Schwerkraft und es schwimmt.

Die Schwerkraft zieht die Ente nach unten.

Die Auftriebskraft des Wassers hält die Ente an der Oberfläche.

Magnetismus.

Kraft und Bewegung

Dinge, die durch Kraft in Bewegung gesetzt werden, bleiben erst wieder stehen, wenn andere Kräfte sie bremsen. Man braucht Kraft, um Dinge in Bewegung zu setzen, sie zu beschleunigen und sie wieder zu bremsen.

Der Fußball bleibt liegen, wenn der Spieler ihn nicht tritt.

Die Grundgesetze der Bewegung

Im Jahr 1687 arbeitete der britische Gelehrte Sir Isaac Newton drei wichtige Regeln aus, die erklären, wie Dinge durch Kräfte in Bewegung gesetzt werden. Sie gelten für Fußbälle ebenso wie für Frösche und bilden die Grundlagen der Bewegungslehre.

Newtons erstes Gesetz

Wenn ein Gegenstand nicht von einer Kraft geschoben oder gezogen wird, bleibt er entweder im Ruhezustand oder er bewegt sich mit gleich bleibender Geschwindigkeit in einer geraden Linie fort.

Zum Beschleunigen ist Kraft notwendig, in diesem Fall die Kraft der Beine des Fahrers.

Newtons zweites Gesetz

Je größer die Kraft und je leichter der Gegenstand, desto höher ist die Beschleunigung. Ein Radsportler mit einem leichten Fahrrad beschleunigt schneller als jemand, der mit einem normalen Rad fährt.

Newtons drittes Gesetz

Jede Kraft bewirkt eine gleich große Gegenkraft. Wenn der Frosch nach vorne springt, wird das Blatt nach hinten gedrückt.

Wie schnell fällt ein Fallschirmspringer zur Erde?

Geschwindigkeit

Die Geschwindigkeit ist der in einer bestimmten Zeit zurückgelegte Weg. Man teilt dazu einfach den Weg durch die Zeit. Ein schnelles Auto hat eine höhere Geschwindigkeit als ein Fahrrad.

Wenn man 80 km in zwei Stunden zurücklegt, ist die Geschwindigkeit 40 km/h.

In der Wissenschaft hat das Wort „beschleunigen" nicht nur die Bedeutung, dass etwas schneller wird, sondern auch, dass es die Richtung ändert. Man sagt also auch „beschleunigen", wenn etwas gebremst oder in eine neue Richtung bewegt wird.

Der Golfball rollt so lange weiter, bis Reibung, Schwerkraft und Luftwiderstand ihn anhalten.

Trägheit

Dinge, die still stehen oder sich bewegen, verändern diesen Zustand nicht von selbst. Den Widerstand gegen eine Veränderung des Bewegungszustands nennt man Trägheit.

Rettungshubschrauber müssen alle Kräfte ausbalancieren, um in der Luft stehen zu bleiben.

Ausgeglichene Kräfte

Es wirken ständig Kräfte auf Gegenstände ein. Wenn aber entgegengesetzte Kräfte gleich groß sind, bewegt sich der Gegenstand trotzdem nicht.

Mehr wissen …

über Magnetismus, Seite **78–79**

über Schwerkraft, Seite **88–89**

Die maximale Geschwindigkeit, mit der man durch die Luft fällt, ist 200 km/h.

Maschinen

Maschinen helfen uns bei der Arbeit, sodass wir sie leichter oder schneller erledigen können. Es gibt verschiedene Maschinen, die entweder Lasten verteilen oder unsere Kraft verstärken.

Der Hebel

Hebel erleichtern den Kraftaufwand. Sie wandeln eine kleine Kraft in eine größere um. Je weiter die Kraft vom Drehpunkt entfernt ist, desto weniger Kraft ist nötig.

Eine Hebelart funktioniert wie eine Wippe. Der Drehpunkt liegt zwischen Last und Kraftaufwand.

Bei einer anderen Art liegt die Last zwischen Drehpunkt und Kraftaufwand (Schubkarre).

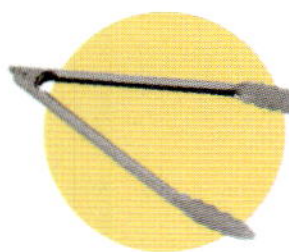

Bei der dritten Art, der Zange, wirkt der Kraftaufwand zwischen Drehpunkt und Last.

Rad und Achse

Die Achse geht durch den Mittelpunkt eines Rads. Zusammen funktionieren sie als einfache Drehmaschine, mit der man Dinge leichter transportieren kann.

Zahnräder

Bei Zahnrädern greifen die Zähne ineinander, sodass sie sich gegenseitig antreiben. Sie verstärken entweder die Kraft oder erhöhen die Geschwindigkeit einer Drehbewegung.

Das Pedal dreht ein Zahnrad, das wiederum ein kleineres Zahnrad bewegt, das sich schneller dreht.

Probier's aus!

Gehe einen Berg hinauf, einmal geradeaus und einmal im Zickzack. Der Zickzack-Weg wirkt wie eine einfache Maschine: Er ist länger, aber du brauchst weniger Kraft.

Welche sechs einfachen Maschinen kennst du jetzt?

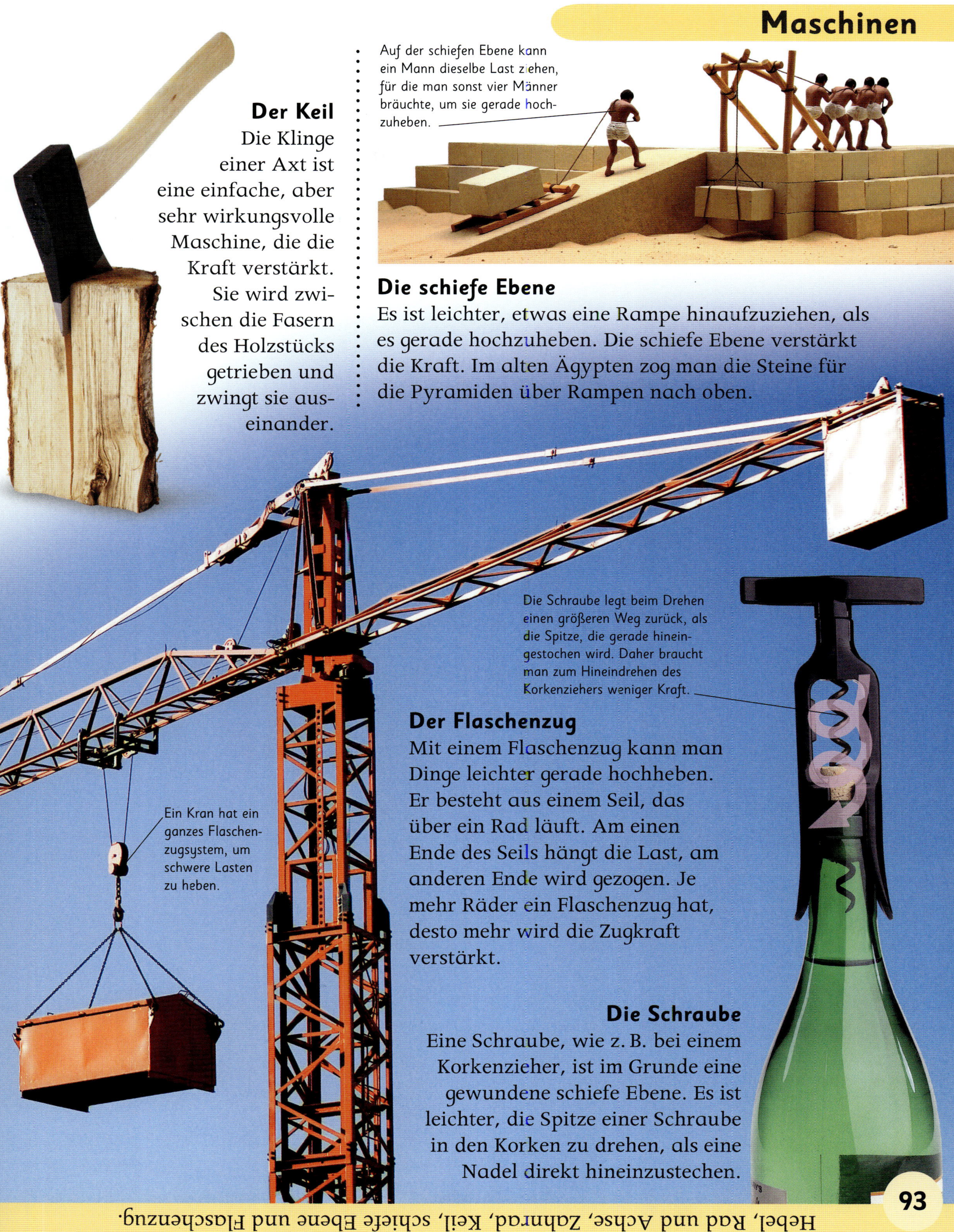

Der Keil

Die Klinge einer Axt ist eine einfache, aber sehr wirkungsvolle Maschine, die die Kraft verstärkt. Sie wird zwischen die Fasern des Holzstücks getrieben und zwingt sie auseinander.

Auf der schiefen Ebene kann ein Mann dieselbe Last ziehen, für die man sonst vier Männer bräuchte, um sie gerade hochzuheben.

Die schiefe Ebene

Es ist leichter, etwas eine Rampe hinaufzuziehen, als es gerade hochzuheben. Die schiefe Ebene verstärkt die Kraft. Im alten Ägypten zog man die Steine für die Pyramiden über Rampen nach oben.

Die Schraube legt beim Drehen einen größeren Weg zurück, als die Spitze, die gerade hineingestochen wird. Daher braucht man zum Hineindrehen des Korkenziehers weniger Kraft.

Der Flaschenzug

Mit einem Flaschenzug kann man Dinge leichter gerade hochheben. Er besteht aus einem Seil, das über ein Rad läuft. Am einen Ende des Seils hängt die Last, am anderen Ende wird gezogen. Je mehr Räder ein Flaschenzug hat, desto mehr wird die Zugkraft verstärkt.

Ein Kran hat ein ganzes Flaschenzugsystem, um schwere Lasten zu heben.

Die Schraube

Eine Schraube, wie z. B. bei einem Korkenzieher, ist im Grunde eine gewundene schiefe Ebene. Es ist leichter, die Spitze einer Schraube in den Korken zu drehen, als eine Nadel direkt hineinzustechen.

Hebel, Rad und Achse, Zahnrad, Keil, schiefe Ebene und Flaschenzug.

Das Universum

Das Universum umfasst alles, was es gibt: die Erde, die Sonne und alle anderen Sterne und Sternensysteme (Galaxien). Das Universum entstand beim „Urknall“ vor rund 13,7 Milliarden Jahren.

Galaxien

Galaxien bestehen aus Milliarden von Sternen, die durch Schwerkraft zusammengehalten werden. Sie haben viele Formen: spiral- oder balkenförmig oder oval …

Unser Nachbar

Die von uns aus gesehen nächste Galaxie heißt Andromeda. Eine Reise dorthin würde 2,2 Millionen Jahre dauern – aber nur, wenn man mit Lichtgeschwindigkeit fliegen könnte!

Die Milchstraße

Unser Sonnensystem gehört zu einer Galaxie, die wir Milchstraße nennen. Von innen (von der Erde aus) sieht sie wie ein heller, milchiger Nebel aus.

Wissens-Quiz

Sieh dir das Kapitel „Erde und Weltraum“ durch. Findest du die hier gezeigten Bilder?

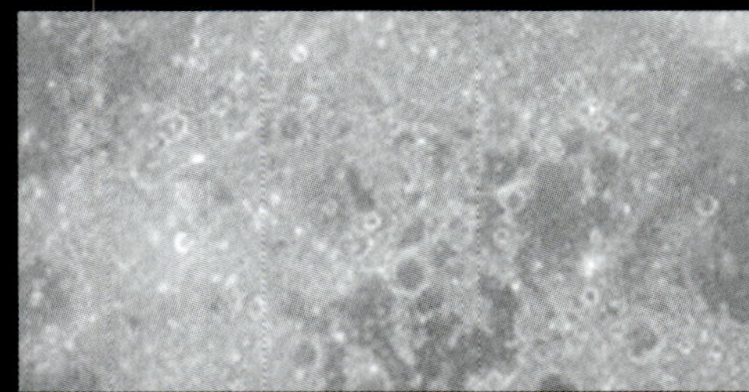

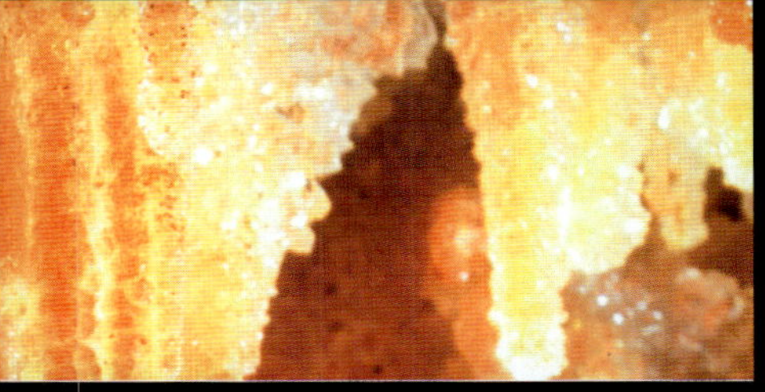

Mehr wissen …

über Sterne, Seite **96–97**

über das Sonnensystem, Seite **98–99**

Zwischen 200 und 400 Milliarden.

Sternenhimmel

Es gibt viel mehr Sterne im Weltall als Sandkörner an den Stränden der Erde. Viele von ihnen strahlen wesentlich heller als unsere Sonne.

Ein Sternenleben

Sterne entstehen im Inneren von dichten Gaswolken, die Nebel genannt werden.

Nebel
Im Inneren der Nebel werden von der Schwerkraft kleine Klümpchen aus Staub und Gas gebildet. Jeder von ihnen kann zu einem Stern werden, wenn die Schwerkraft ihn dichter zusammenpresst und er dadurch immer heißer wird.

Roter Riese
Im Inneren der Sterne wird Wasserstoff verbrannt – so lange, bis der Wasserstoff verbraucht ist. Dann dehnen sie sich aus und werden zu roten Riesen.

Weißer Zwerg
Die äußeren Schichten werden nacheinander abgestoßen. Nur der Kern, der langsam abkühlt, bleibt zurück. Der Stern wird zu einem weißen Zwerg. Weiße Zwerge sind nicht größer als die Erde.

Supernova
Die größten Sterne beenden ihr Leben in einer riesigen Explosion, einer sogenannten Supernova.

Rotierende Sterne

Für uns sieht es so aus, als wanderten die Sterne über den Nachthimmel. In Wirklichkeit dreht sich jedoch die Erde um sich selbst und die Sterne stehen still.

Wie viele Sterne sieht man in einer klaren, dunklen Nacht?

Überreste
Die Bruchstücke einer solchen Explosion leuchten oft noch Hunderte von Jahren weiter im Weltraum.

Die Sonne enthält fast nur Wasserstoff.

Leuchtende Sterne

Unsere Sonne steht gerade in der Mitte ihres Lebens. Sie ist in einem Nebel entstanden, wie alle Sterne, und wird am Ende ihres Lebens ein roter Riese werden.

Schwarze Löcher
Bei der Explosion der größten Sterne wird fast alles Material verstreut. Der Kern aber stürzt in sich zusammen und bildet ein Schwarzes Loch.

Bilder am Himmel
Sternbilder sind Gruppen von Sternen, die man von der Erde aus sieht. Die Menschen haben sie meist nach ihrer Form benannt. Das ist der Große Wagen, auch Großer Bär genannt.

Ungefähr 2000.

Das Sonnensystem

Das Sonnensystem ist unsere Heimat im Weltraum. Es besteht aus der Sonne, acht Planeten und unzähligen kleineren Himmelskörpern.

Planetenfamilie

Die Planeten bewegen sich auf ihren Umlaufbahnen um die Sonne. Die Schwerkraft hält sie auf ihren Bahnen.

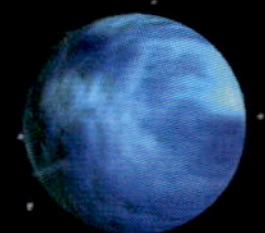

Neptun ist der am weitesten von der Sonne entfernte Planet des Sonnensystems.

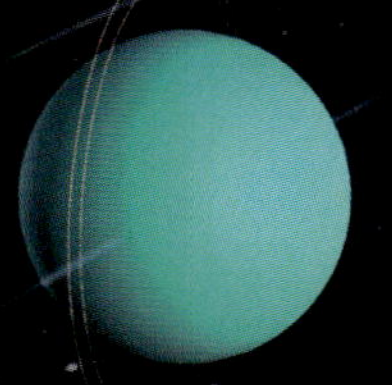

Uranus hat 13 Ringe und 27 Monde.

Mars ist rot, weil der Boden seiner Oberfläche voller Rost ist.

Jupiter ist der größte Planet des Sonnensystems. Er hat über 60 Monde.

Die Sonne

Die Sonne ist der Stern, der uns am nächsten ist. All die Wärme und das Licht, das wir auf der Erde zum Leben brauchen, kommt von ihr. Sie hat zwar schon ihr halbes Leben hinter sich, wird aber noch etwa 5 Milliarden Jahre lang weiterbestehen.

Wie alt ist das Sonnensystem?

Tage und Jahre

Alle Planeten drehen sich um sich selbst und um die Sonne. Eine Umdrehung um sich selbst ist ein Tag, eine Umrundung der Sonne ist ein Jahr. Tage und Jahre sind auf allen Planeten unterschiedlich lang.

Saturn hat Ringe, die aus Eis, Staub und Gestein bestehen.

Merkur ist der kleinste Planet. Er steht der Sonne am nächsten.

Venus ist der hellste und heißeste Planet. Ihre Atmosphäre ist ungeheuer dicht.

Erde ist der einzige Planet mit einer Atmosphäre, die Leben ermöglicht.

Glühen am Himmel

Es gibt noch viele andere Himmelskörper. Kometen sind Klumpen aus Eis, Gestein und Staub, die um die Sonne kreisen. Meteore sind Steinbrocken, die in der Atmosphäre verglühen. Wir nennen sie Sternschnuppen.

Wie groß?

Im Vergleich zur Sonne sind alle Planeten klein, aber die vier inneren Planeten sind noch viel kleiner als die vier äußeren. Die Sonne ist 100-mal größer als die Erde!

Etwa 4,6 Milliarden Jahre.

Der Mond

Der Mond ist eine kalte, staubige Welt, die sich um die Erde dreht. Dort gibt es weder Luft noch Wasser und daher auch kein Leben. Forscher glauben, dass er etwa 4,5 Milliarden Jahre alt ist.

Der Mond dreht sich bei jedem Erdumlauf einmal um sich selbst.

Außer den Kratern gibt es auf der Mondoberfläche auch Gebirge und Täler.

Raue Oberfläche

Die Oberfläche des Mondes ist mit Kratern übersät. Unzählige Meteore, die über Jahrmillionen hier einschlugen, hinterließen sie.

Wir können nur die der Erde zugewandte Seite des Mondes sehen.

Rückseite

Der Mond braucht für eine Drehung um sich selbst genauso lang wie für eine Erdumkreisung. Deshalb sehen wir immer dieselbe Seite. Die Rückseite kann nur von Raumschiffen aus fotografiert werden.

Mondphasen

Für eine Umkreisung der Erde braucht der Mond 27 Tage. Wegen der Bewegung der Sonne, der Erde und des Mondes sehen wir von der Erde aus immer unterschiedliche Ausschnitte des Mondes.

Die Gezeiten

Die Schwerkraft zwischen Erde und Mond zieht an den Ozeanen und lässt zu beiden Seiten des Planeten Flut entstehen. Mit der Drehung des Mondes wandert auch die Flut. So entstehen die Gezeiten.

Zwischen den Höhepunkten der Flut herrscht Niedrigwasser (Ebbe).

Dort, wo die Flut gerade ankommt, herrscht Hochwasser.

Wie weit ist der Mond von der Erde entfernt?

Menschen auf dem Mond

Der Mond ist der einzige fremde Himmelskörper, auf dem bereits Menschen gelandet sind. Im Juli 1969 spazierten zum ersten Mal Astronauten auf dem Mond.

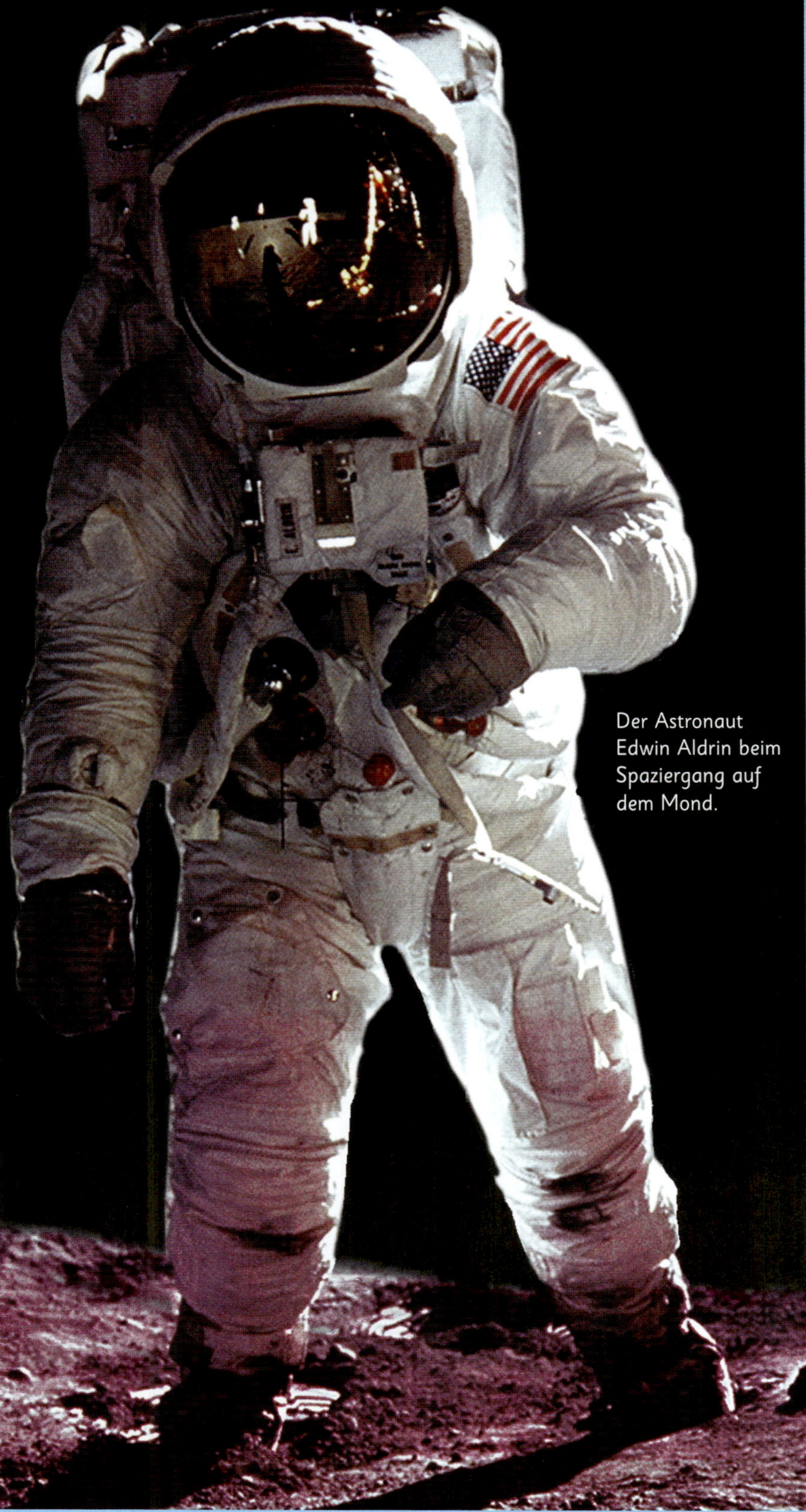

Der Astronaut Edwin Aldrin beim Spaziergang auf dem Mond.

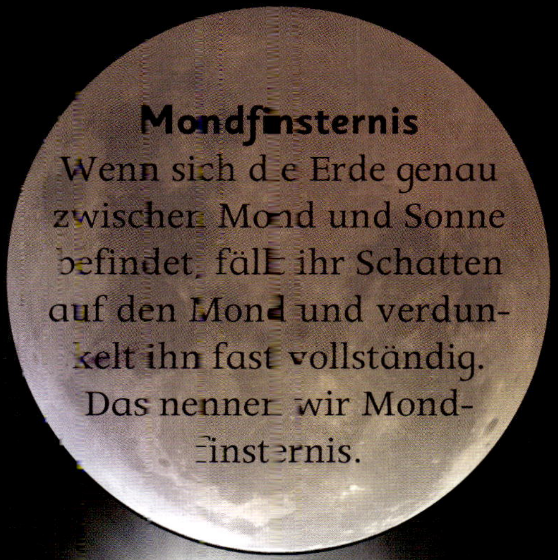

Mondfinsternis
Wenn sich die Erde genau zwischen Mond und Sonne befindet, fällt ihr Schatten auf den Mond und verdunkelt ihn fast vollständig. Das nennen wir Mondfinsternis.

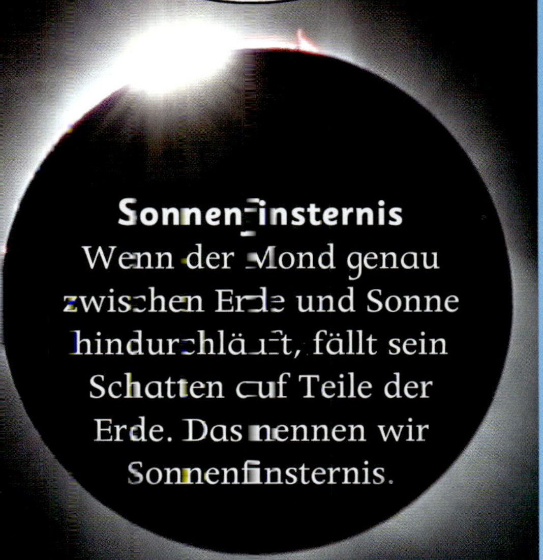

Sonnenfinsternis
Wenn der Mond genau zwischen Erde und Sonne hindurchläuft, fällt sein Schatten auf Teile der Erde. Das nennen wir Sonnenfinsternis.

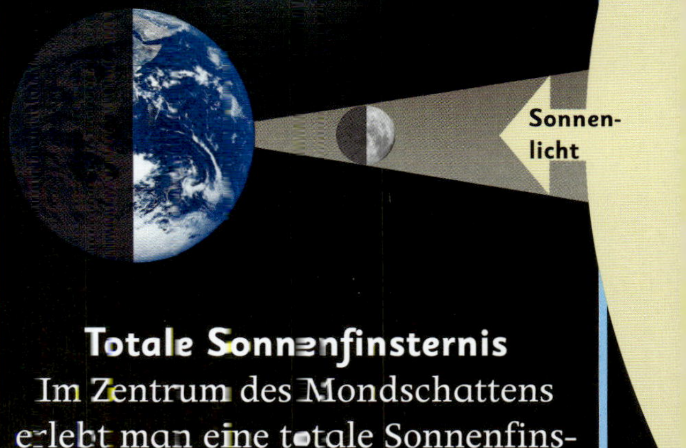

Totale Sonnenfinsternis
Im Zentrum des Mondschattens erlebt man eine totale Sonnenfinsternis. An anderen Orten werden nur Teile der Sonne verdunkelt.

Aufbau der Erde

Die Erde konnte als einziger Planet im Sonnensystem Leben hervorbringen, weil sie genau den richtigen Abstand zur Sonne hat. Wir leben auf einer Kugel mit flüssigem Gesteinskern und harter Kruste.

Vom Weltraum aus sieht man fast nur riesige blaue Ozeane und wirbelnde Wolken.

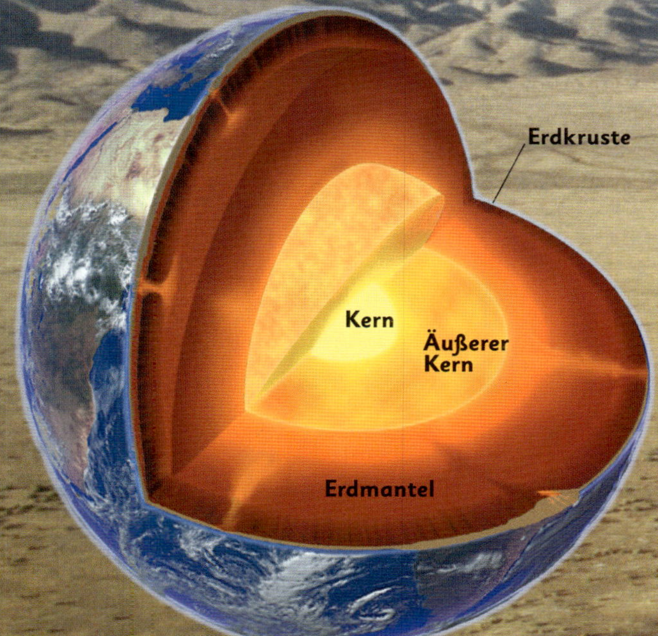

Das Erdinnere

Könnte man die Erde aufschneiden, würde man sehen, dass sie aus verschiedenen Schichten besteht. Die dünne Außenschicht, auf der wir leben, heißt Erdkruste. Darunter folgt eine Schicht aus zähflüssigem Gestein, der Erdmantel, dann der äußere Kern aus geschmolzenem (flüssigem) Eisen und Nickel. Tief innen befindet sich ein fester Eisen-Nickel-Kern.

Lebenswichtig

Für die Erhaltung des Lebens spielen die Atmosphäre und das Wasser eine wichtige Rolle. Sie sorgen für genau die richtigen Temperaturen, weil sie die Wärme der Sonne aufnehmen und über den Planeten verteilen.

Wie heißt der größte Ozean der Erde?

Vulkane

Vulkane sind Öffnungen in der Erdkruste. Bei einem Vulkanausbruch bricht sich Magma (geschmolzenes Gestein) aus dem Erdmantel einen Weg durch diese Öffnungen. Dabei wird auch viel Asche und Staub ausgestoßen.

Gebirge entstehen

Die Bildung des Himalaja begann vor etwa 50 Millionen Jahren, als zwei Erdplatten aufeinanderstießen. Die Berge wachsen heute noch!

Am San-Andreas-Graben treten häufig Erdbeben auf.

Erdbeben

Erdbeben ereignen sich, wenn Kontinentalplatten aneinanderreiben.

Treibende Kontinente

Die Erdoberfläche verändert sich laufend. Vor Millionen von Jahren gab es nur eine riesige Landmasse. Sie brach auseinander und die Kontinente begannen sich langsam voneinander zu entfernen.

Vor 200 Millionen Jahren

Vor 135 Millionen Jahren

Vor 10 Millionen Jahren

Rissige Erdkruste

Die Erdkruste besteht aus riesigen einzelnen „Platten“, die wie bei einem Puzzle zusammenpassen, sich aber ständig bewegen. An den Schwachstellen, wo sie aneinanderreiben oder -stoßen, kommt es oft zu Vulkanausbrüchen und Erdbeben.

Gesteine und Minerale

Die Erdkruste besteht aus Gesteinen. Manche sind hart, andere dagegen weich und brüchig. Sie entstehen auf unterschiedliche Weise.

Serpentin ist ein Mineral, aus dem Bildhauer und Steinmetze gern Kunstwerke herstellen.

Gabbro ist ein Gestein, aus dem man Küchenflächen und Fußböden herstellt.

Glimmer ist ein Mineral, das in manchen Zahncremes enthalten ist.

Was sind Gesteine?

Gesteine bestehen aus Mineralen – meist aus mehreren, manchmal auch aus nur einer Art von Mineral. Es gibt im Wesentlichen drei Arten: Vulkangesteine, Sedimentgesteine und metamorphe Gesteine.

Fossilien

Fossilien sind im Gestein erhaltene Reste oder Abdrücke von Pflanzen und Tieren, die vor Millionen von Jahren starben.

Kreislauf der Gesteine

Im Lauf der Zeit verwandeln sich die Gesteine der Erdkruste langsam. Sie werden von Wind, Wasser, Druck und Wärme umgewandelt.

Vulkangestein

Vulkangestein entsteht, wenn heißes Magma aus dem Erdinneren abkühlt und fest wird. Manche, wie Granit, härten unter der Erde aus, andere treten zuerst als Lava aus einem Vulkan aus.

Sedimentgestein

Wind und Wasser tragen die Steine langsam ab. Kleine Stücke werden ins Meer gespült. Sie bilden Schichten, die mit der Zeit zu Sedimentgesteinen wie Kalk- und Sandstein zusammengepresst werden.

Metamorphes Gestein

Unter der Erde werden Steine oft stark gepresst oder von heißem Magma versengt. So verwandeln sie sich manchmal in neues Gestein wie Marmor, Schiefer und Gneis.

Welches Gestein schwimmt auf Wasser?

Steinsalz ist ein Mineral, das bei Glatteis auf den Straßen als Streusalz verwendet wird. Es bringt das Eis zum Schmelzen.

Was ist ein Mineral?

Ein Mineral ist ein natürlich vorkommender Festkörper. Es ist aus lauter einzelnen Kristallen aufgebaut. Minerale sind einfach überall: Wir bauen damit Autos und Computer, düngen die Erde und putzen uns damit die Zähne.

Mineral-Mix

Granitgestein besteht aus verschiedenfarbigen Mineralen. Das schwarze Mineral ist Glimmer, das rosafarbene Feldspat und das graue Quarz.

Feldspat wird zum Glasieren von Keramik verwendet.

Zermahlener **Glimmer** ist oft in Farben.

Quarz kommt auch als Amethyst vor.

Minerale im Haushalt

Halit ist das Salz, mit dem wir unsere Speisen würzen.

Quarz aus Sand steckt in Siliziumchips für Computer und Taschenrechner.

Kaolin braucht man für Porzellan und zur Herstellung von Glanzpapier.

Illit ist ein Tonmineral. Es steckt in Terrakotta-Töpfen und -Steinen.

Glimmer wird für glitzernde Farben und Nagellacke verwendet.

Grafit ist das „Blei“ im Bleistift. Es steckt auch in Fahrradbremsen.

Kristalle

Kristalle haben mehrere glatte Oberflächen. Die größten Kristalle bilden sich, wenn die Minerale in Magma oder eingeschlossenen Flüssigkeiten sehr langsam abkühlen.

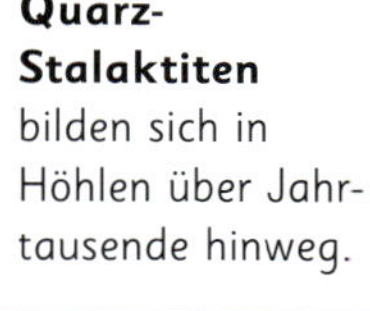

Quarz-Stalaktiten bilden sich in Höhlen über Jahrtausende hinweg.

Rhodochrosit ist ein rosafarbener Edelstein, der für Schmuck verwendet wird.

Das Gesicht der Erde

Die Oberfläche der Erde verändert sich ständig. Im Lauf von Jahrmillionen wird das Land von Wind, Regen und Flüssen abgetragen. Bei Überflutungen, Vulkanausbrüchen und Erdbeben wandelt es sich oft ganz plötzlich.

Die Kraft der Flüsse
Im Lauf von Millionen von Jahren hat sich der Fluss Colorado immer tiefer in die Felsen hineingegraben und so den Grand Canyon geformt.

Unter der Erde
Wenn Regen in die Erde sickert und dort weiches Gestein wie Kalk aushöhlt, bilden sich Höhlen.

Küstenformen

Starke Wellen verformen die Küstenlinien entlang der Meere.

Buchten entstehen dort, wo die Wellen weiches Gestein abtragen.

Landzungen bestehen aus hartem Gestein, das nicht abgetragen wurde.

Felsbogen entstehen, wenn Wellen Durchgänge durch Landzungen bohren.

Felssäulen sind die Überreste von eingestürzten Felsbogen.

Gletscher bei der Arbeit
Gletscher sind riesige Flüsse aus Eis, die langsam von den mit Schnee bedeckten Bergen fließen. Sie führen Felsbrocken mit sich, die den Untergrund wie Sandpapier abschleifen und ein tiefes, U-förmiges Tal formen.

Wie heißt der aktivste Vulkan der Erde?

Neue Inseln

Vulkane gibt es auch im Meer. Wenn sie ausbrechen, entstehen manchmal ganze Inseln, wie Surtsey bei Island (links). Surtsey erhob sich 1963 aus dem Meer.

Vor der Überflutung

Nach der Überflutung

Überflutungen

Bei starkem Regen treten manchmal Flüsse über die Ufer. Wasser hat enorme Kraft. Es zerstört Bauwerke und Straßen und formt das Land um.

Sandhügel

In der Wüste türmt der Wind den Sand zu Hügeln – den Dünen – auf. Sie erstrecken sich oft über Hunderte von Kilometern und bilden ein „Meer aus Sand“.

Wind

Starker Wind wirbelt Sand vom Boden auf und bläst ihn hart gegen die Felsen, die mit der Zeit seltsame Formen annehmen.

Es ist der Mount Kilauea in Hawaii.

Der Boden

Boden heißt die dünne Schicht lockeren Materials auf der Erdoberfläche. Er enthält Minerale, Luft, Wasser und abgestorbene Lebewesen.

Humus

Humus ist dunkle, nährstoffreiche Erde aus verrottenden Tieren und Pflanzen. Pflanzen brauchen seine Nährstoffe zum Wachsen.

Humus

Oberboden

Unterboden

Verwittertes Gestein

Muttergestein

Bodenschichten

Die Bodenschichten entwickeln sich im Lauf vieler Jahre. Pflanzenwurzeln wachsen im Oberboden, weil er die meisten Nährstoffe enthält. Die unteren Schichten sind felsig. So tief reichen die Pflanzenwurzeln nicht.

Leben unter der Erde

Im Boden leben Tausende von Tieren wie Schnecken, Ameisen, Käfer und Spinnen. Größere Bewohner des Erdreichs wie Maulwürfe durchmischen den Humus mit Mineralen, wenn sie sich durch die Erde graben.

Wodurch entstehen kleine Erdhügel auf Wiesen?

Bodenarten

Die Bodenarten bestehen aus unterschiedlich großen Teilchen.

Sandboden enthält Teilchen mit Durchmessern von etwa 2 mm.

Tonboden hat sehr kleine Teilchen, zwischen denen sich Wasser ansammelt.

Lehmboden enthält eine Mischung aus kleinen und großen Teilchen.

Bodenerosion

Wenn man zu viel anbaut, werden die Nährstoffe knapp und der Oberboden wird weggeweht oder -gespült. Ohne nährstoffreichen Oberboden können kaum Pflanzen wachsen.

Pflügen erhält die Fruchtbarkeit.

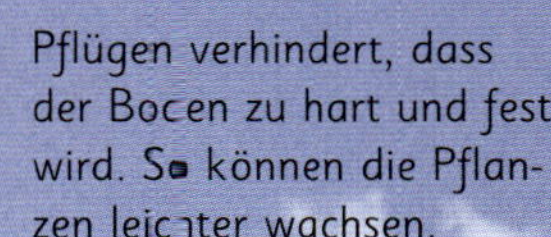

Pflügen verhindert, dass der Boden zu hart und fest wird. So können die Pflanzen leichter wachsen.

Unentbehrliche Regenwürmer

Regenwürmer machen den Boden fruchtbar. Ihre Gänge belüften den Boden und erleichtern auch dem Wasser das Eindringen in den Boden. Zudem tragen Regenwürmer zum Abbau von Tier- und Pflanzenresten bei und setzen so wertvolle Nährstoffe frei. Sogar die Ausscheidungen von Regenwürmern sind gut für den Boden!

Probier's aus!

Fülle die untere Hälfte eines Glases mit Erde, die obere mit Wasser. Schraube den Deckel zu, schüttle das Glas und lass es einen Tag stehen. Der Boden bildet Schichten.

Wühlmäuse und Maulwürfe graben lange Gänge und hinterlassen dabei Erdhügel.

Rohstoffe in der Erde

Im Boden gibt es viele nützliche Dinge, von Brennstoffen wie Kohle und Erdöl bis hin zu Trinkwasser und Baumaterial. Diese Dinge heißen Rohstoffe. Wir Menschen graben und bohren seit Langem unermüdlich nach ihnen.

Meeresspiegel

Plattform

Menschen fördern Erdöl und Erdgas aus tiefen Löchern, die wir in den Meeresboden bohren.

Auf der Suche nach Erdöl

Erdöl und Erdgas befinden sich tief unter der Erde, manchmal auch unter dem Meeresgrund. Kohle liegt etwas näher an der Erdoberfläche.

Tiefbohrung Ölplattformen auf See holen das flüssige Öl mit riesigen Bohrern herauf. Kohle ist fest. Man gräbt in Minen oder Gruben nach ihr.

Heißes Wasser

In der Nähe von Vulkanen wird unterirdisches Wasser oft sehr heiß. In Island wird dieses heiße Wasser zum Heizen von Häusern oder als Dampf zum Antreiben von Stromgeneratoren verwendet.

Aus welchem Rohstoff wird Kunststoff hergestellt?

Erdgas transportieren

Erdgas gibt es nur an bestimmten Stellen. Es wird oft sehr weit transportiert, entweder als Gas durch Rohre oder als Flüssigkeit auf speziellen Schiffen.

Glas herstellen

Sand, Soda und Kalk werden verschmolzen. Die glühend heiße Mischung wird entweder mundgeblasen oder von Maschinen in Form gepresst. Beim Abkühlen wird das Glas hart und durchsichtig.

Glasflaschen werden aus geschmolzenem Glas geformt.

Metalle gewinnen

Metalle lagern meist unterirdisch als Minerale im Gestein (Erz). Maschinen holen das Erz aus dem Boden. Dann wird es sehr stark erhitzt, um das Metall daraus zu gewinnen.

Metalle

Es gibt verschiedene Metalle für jeden Zweck:

Aluminium ist weich. Es steckt in Dosen, Flugzeugen und Autokarosserien.

Gold ist selten und sehr schön. Deshalb wird es oft zu Schmuck verarbeitet.

Eisen ist hart. Man macht daraus Stahl für Schiffe, Gebäude und Strommasten.

Kupfer leitet Strom. Es wird oft für elektrische Drähte verwendet.

Beton mischen

Beton ist ein wichtiger Baustoff. Er besteht aus Sand, Kies, Zement und Wasser. All diese Materialien werden dem Boden entnommen.

Aus Erdöl.

Süß- und Salzwasser

Die Erde wird auch „blauer Planet“ genannt, weil 75 Prozent der Erdoberfläche von Wasser bedeckt sind. Nur 1 Prozent davon ist Süßwasser (Trinkwasser), alles andere ist Salzwasser in den Ozeanen.

Die Hydrosphäre

Hydrosphäre ist der Name für die Gesamtmenge des Wassers auf der Erde. Dazu gehören Meere, Flüsse und Seen sowie das gesamte Eis.

Wasser ist lebenswichtig

Kein Tier – und auch kaum ein anderes Lebewesen – kann ohne Wasser überleben. Säugetiere, also auch der Mensch, haben Wasser im Blut und in vielen Organen (Haut, Gehirn usw.). Jede einzelne Körperzelle enthält Wasser!

Trinkwasserquellen

Menschen holen sich Trinkwasser aus verschiedenen Quellen, z.B. aus Flüssen, Seen und Stauseen.

Flüsse fließen von den Bergen hinunter bis in die Ozeane.

Seen sind natürliche Mulden im Boden, in denen sich Wasser sammelt.

Stauseen sind von Menschen gemachte Seen, die als Wasserspeicher dienen.

Im Eis gefangen

Nur rund ein Drittel des Süßwassers steht frei zur Verfügung. Zwei Drittel sind in Gletschern und Eisbergen (unten) oder in Eisschollen am Nord- und Südpol eingefroren.

Wie viel Prozent des Körpers bestehen aus Wasser?

Salzige Meere

Meerwasser ist salzig, weil darin viele chemische Stoffe gelöst sind, die von den Forschern als Salze bezeichnet werden. Auch Trinkwasser enthält Salze, aber nur in sehr kleinen Mengen, die man nicht schmeckt.

Der Salzgehalt im Toten Meer ist so hoch, dass Menschen im Wasser sitzen können ohne unterzugehen.

Probier's aus!

Wenn du ein Ei ins Wasser legst, sinkt es. Rühre nun so lange Salz ins Wasser, bis das Ei steigt. Irgendwann schwimmt es, weil Salzwasser dichter ist als Süßwasser.

Leben im Salzwasser

Im Wasser leben zahllose Tiere. Sie trinken nicht, sondern nehmen auf andere Weise Wasser auf. Fische holen es sich meist, wenn es durch ihre Kiemen strömt. Salzwasserfische nehmen nur sehr wenig Salz auf.

Leben im Mündungsgebiet

Flüsse münden meist mit einem breiten Hauptarm und zahlreichen Nebenarmen ins Meer. Bei steigender Flut strömt Salzwasser flussaufwärts. Bei sinkender Flut enthält der Fluss hauptsächlich Süßwasser. Mangrovenbäume (links) haben sich an das Leben mit diesen wechselnden Wasserverhältnissen angepasst.

Der Körper besteht zu etwa 66 % (zwei Drittel) aus Wasser.

Wasserkreislauf

Wasser durchläuft einen ständigen Kreislauf zwischen Luft, Land, Flüssen und Ozeanen.

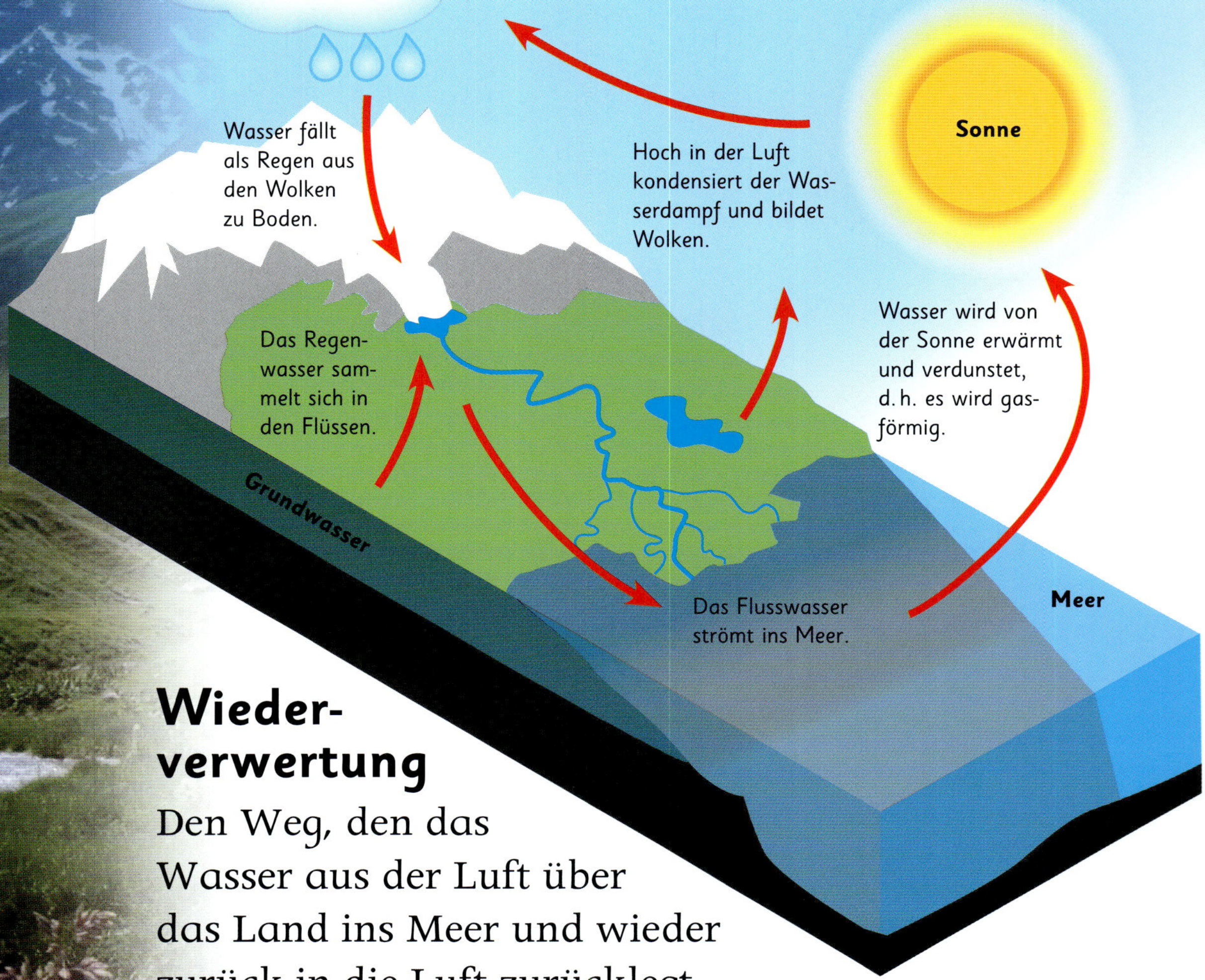

Wasser fällt als Regen aus den Wolken zu Boden.

Hoch in der Luft kondensiert der Wasserdampf und bildet Wolken.

Sonne

Wasser wird von der Sonne erwärmt und verdunstet, d. h. es wird gasförmig.

Das Regenwasser sammelt sich in den Flüssen.

Grundwasser

Das Flusswasser strömt ins Meer.

Meer

Wiederverwertung

Den Weg, den das Wasser aus der Luft über das Land ins Meer und wieder zurück in die Luft zurücklegt, nennt man Wasserkreislauf.

Die trockene Seite
Vor Gebirgsketten nahe der Küste steigt die feuchte Meeresluft auf. Sie kühlt ab und die Feuchtigkeit kondensiert zu Regen. Auf der Rückseite des Gebirges ist dann kein Regen mehr übrig – sie liegt im „Regenschatten“.

Was passiert, wenn kühle, feuchte Luft kondensiert?

Grundwasser
Ein Teil des Regenwassers versickert und sammelt sich als Grundwasser im Gestein und in unterirdischen Seen. Teile davon werden an die Oberfläche gepumpt und z. B. als Trinkwasser verwendet.

Wasser verbrauchen
Süßwasser wird in Stauseen gesammelt und durch Rohre zu Haushalten und Unternehmen gepumpt. Das Wasser aus dem Wasserhahn hat einen weiten Weg hinter sich!

Nasser Untergrund
Feuchtgebiete bilden sich in Gegenden, in denen das Süßwasser nicht versickert. Sie sind Lebensraum für Wasser liebende Pflanzen, Vögel, Säugetiere und Fische.

Dürre
Wenn es lange nicht regnet, spricht man von einer Dürre. Das gibt es nicht nur in der Wüste. Wenn es in einem Gebiet viel weniger regnet als normal, erlebt es eine Dürreperiode.

Wasser sparen

Die Süßwassermenge auf der Erde ist begrenzt. Wenn jeder Mensch genug haben soll, müssen wir dringend Wasser sparen.

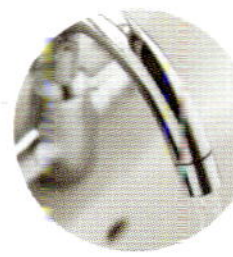

Drehe den Hahn zu, während du dir die Zähne putzt.

Spüle die Toilette mit möglichst wenig Wasser. Meist kann man zwischen viel und wenig Wasser wählen.

Die Geschirrspülmaschine sollte nur laufen, wenn sie voll ist.

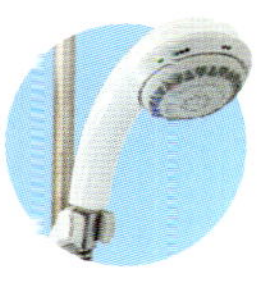

Duschen statt baden spart sehr viel Wasser!

Die Atmosphäre

Die Erde ist von einer dünnen Lufthülle, der Atmosphäre, umgeben. Ohne diese Schutzschicht aus verschiedenen Gasen gäbe es kein Leben.

Leuchtende Teilchen
Die Atmosphäre besteht zwar hauptsächlich aus Gasen, sie enthält aber auch winzige Staubteilchen, Pollen und Wassertröpfchen. Wenn die Sonne hindurchscheint, bilden die Teilchen manchmal einen schimmernden Nebel.

Gase in der Luft

Die Luft ist ein Gasgemisch aus Stickstoff, Sauerstoff und Kohlendioxid. Sauerstoff brauchen die Tiere und Pflanzen zum Atmen, Kohlendioxid ist für die Pflanzen lebenswichtig. Sie brauchen die Kohlenstoffatome zur Bildung der Blätter und Stängel.

Der Treibhauseffekt
Ohne Atmosphäre würden die wärmenden Sonnenstrahlen einfach von der Erde abprallen und ins Weltall verpuffen. Die Atmosphäre hält einen Teil der Wärme zurück, sodass wir überleben können.

Aus dem Weltraum betrachtet, sieht die Atmosphäre aus wie ein blauer Schleier.

Schutzschicht
Das Gas Ozon in der Atmosphäre schützt die Erde vor schädlichen Strahlen im Sonnenlicht. Über der Antarktis ist die Ozonschicht viel dünner als überall sonst. Dieses „Ozonloch" wird durch Chemikalien verursacht, mit denen die Menschen die Luft verschmutzen.

In welchem Abstand vom Erdboden beginnt der Weltraum?

Dünne Luft

Am Boden ist die Luft dicht und leicht zu atmen – die meisten Luftmoleküle werden dort von der Schwerkraft festgehalten. In größeren Höhen wird die Luft so dünn, dass Bergsteiger Sauerstoffflaschen brauchen.

Atmosphärische Schichten

Die Atmosphäre besteht aus mehreren Schichten. Ganz unten ist die Troposphäre, in der sich die Wolken bilden und die Flugzeuge fliegen. Darüber wird die Atmosphäre immer dünner, bis sie in den Weltraum übergeht.

Lichteffekte

Wird das Sonnenlicht in der Atmosphäre durch Luft, Wasser und Staub gestreut, erzeugt es wunderschöne Lichteffekte.

Regenbogen entstehen, wenn Wassertröpfchen das Licht in seine Farben zerlegen.

Der Himmel ist an klaren Tagen blau, weil Luftmoleküle das blaue Licht am meisten streuen.

Beim Auf- und Untergang der Sonne färben Staub und Wolken den Himmel orange.

Meeresströmungen

Die Atmosphäre wirbelt ständig herum und erzeugt Winde. Die Winde schieben die Wassermassen der Ozeane an. Die kreisenden Strömungen verteilen die Wärme über die Erde.

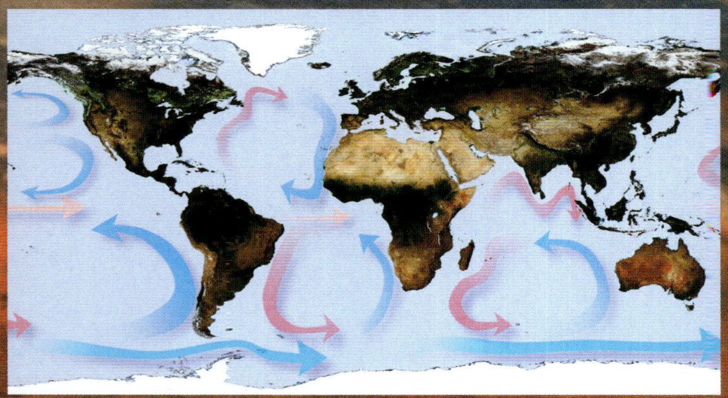

In einer Höhe von 100 km.

Das Wetter

Scheint die Sonne oder wird es regnen? Liegt bald Schnee oder braut sich ein Gewitter zusammen? Das Wetter ist wichtig für uns Menschen, weil es bestimmt, was wir tun und wie wir uns kleiden.

Drachen werden vom Wind in der Luft gehalten.

Rund ums Wetter

Einige wichtige Begriffe rund um das Wetter:

Sonnenschein gibt Wärme und Licht. Er wärmt die Luft und trocknet die Erde.

Wolken bestehen aus winzigen Tröpfchen. Dunkle Wolken bringen Regen.

Hagelkörner sind Kugeln aus Eis, die sich in Gewitterwolken bilden.

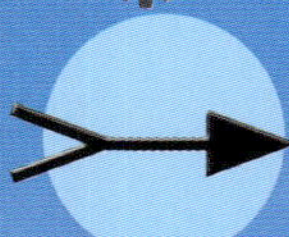

Wind ist Luft, die sich bewegt, von der sanften Brise bis zum Orkan.

Regen ist Wasser, das aus den Wolken fällt. Er ist gut für Pflanzen.

Schnee ist Regen bei sehr kaltem Wetter. Er besteht aus winzigen Eiskristallen.

Wettervorhersage

Die Meteorologen (Wetterforscher) sehen sich die Bilder der Wettersatelliten an. Mithilfe von Computern berechnen sie, wie sich das Wetter in den nächsten Tagen entwickeln wird.

Regenwetter

Regenwolken entstehen, wenn warme, feuchte Luft aufsteigt und oben wieder abkühlt. Wassertropfen verbinden sich, bis sie so schwer werden, dass sie zu Boden fallen. Regenwolken sind dunkel, weil das Sonnenlicht sie nicht durchdringt.

Was ist ein Orkan?

Flächenbrand

In Zeiten lang anhaltender Hitze und Trockenheit dörren die Pflanzen so sehr aus, dass ein Blitz sie sofort in Brand steckt. Auf diese Weise werden manchmal ganze Wälder vernichtet.

Stürmische Zeiten

Blitze entstehen, wenn die Eiskristalle in den Wolken aneinanderreiben und auf diese Weise Elektrizität erzeugen. Ein Blitz erhitzt die Umgebungsluft so schnell, dass die Luft explodiert. So entsteht der grollende Lärm, den wir Donner nennen.

Die hellsten Blitze wandern vom Boden hinauf zu den Wolken.

Winde

Warme Luft steigt auf, kühle Luft sinkt zu Boden. Diese Luftbewegung spüren wir als Wind.

Windhosen

Tornados sind wirbelnde Lufttrichter, die sich unterhalb von riesigen Gewitterwolken bilden. Der starke Wind richtet schlimme Schäden an und der Trichter saugt Gegenstände auf wie ein riesiger Staubsauger.

Interessant!

Unter bestimmten Umständen können Hagelkörner riesig werden. Das größte Hagelkorn wog 1 kg und hatte einen Durchmesser von über 40 cm!

Ein Orkan ist ein starker Sturm bei Windstärke 12.

Die Energiekrise

Menschen nutzen Energie für verschiedene Zwecke, z. B. zum Autofahren und Heizen. Die meiste Energie stammt aus der Verbrennung fossiler Brennstoffe wie Erdöl, Kohle und Erdgas. Diese Energieträger werden jedoch immer knapper und ihre Abgase verschmutzen die Atmosphäre.

Globale Erwärmung

Bei der Verbrennung fossiler Brennstoffe entstehen Treibhausgase, die einen Teil der Sonnenwärme in der Atmosphäre festhalten. Wenn es auf der Erde zu warm wird, schmelzen die Eisberge, der Meeresspiegel steigt und die Wüsten breiten sich aus.

Die Wärme von der Sonne dringt durch die Atmosphäre zu uns.

Ein Teil der Wärme wird wieder abgestrahlt, aber Treibhausgase halten immer mehr Wärme fest.

Kernkraftwerke erzeugen Energie durch die Spaltung von Atomen.

Alternative Energien

Wir brauchen neue Energiequellen, die weniger Verschmutzung verursachen und nicht knapp werden. Atomkraft ist eine Möglichkeit. Andere sind Energie aus Sonnenlicht, Wind und Wellen.

Wind liefert Energie ohne Verschmutzung und in unendlicher Menge. Aber Windturbinen sind sehr groß und ihr Aufbau ist meist sehr teuer.

Woraus bestehen fossile Brennstoffe?

Saubere Autos

Autos mit Benzin- oder Dieselmotor verbrauchen Öl und erzeugen schädliche Abgase. Daher werden Alternativen entwickelt: Elektroautos geben gar keine Abgase ab. Wasserstoffmotoren verbrennen Wasserstoffgas und geben nur Wasser ab.

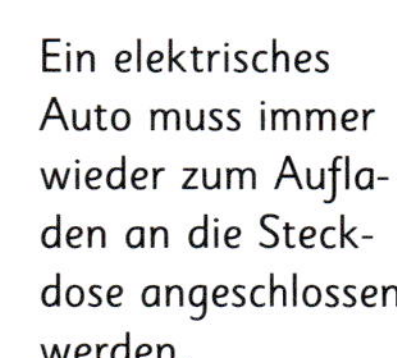

Ein elektrisches Auto muss immer wieder zum Aufladen an die Steckdose angeschlossen werden.

Steigender Energiebedarf

Die Weltbevölkerung wächst und braucht immer mehr Energie. Um die globale Erwärmung zu stoppen, müssen wir aber wahrscheinlich den Energieverbrauch senken.

Energiesparende Häuser

Dieses Haus erzeugt mit Sonnenkollektoren und Windturbinen selbst Energie, ohne die Umwelt zu verschmutzen. Es hat dicke Wände, sodass man weniger Energie zum Heizen braucht.

Damit auch bei der Fertigstellung Energie gespart wird, sollte man möglichst wiederverwertete Baustoffe verwenden.

Der eigene Beitrag

Es gibt viele kleine Dinge, die jeder tun kann, um Energie zu sparen.

Ziehe eigenes Gemüse und Obst, auch wenn es nur in Töpfen ist.

Bedenke bei der Urlaubsplanung, dass Züge, Schiffe und Autos weniger Energie verbrauchen als Flugzeuge.

Kaufe keine neuen Kleider, sondern tausche oder kaufe sie gebraucht.

Iss regionales Gemüse, das nicht um die halbe Welt gereist ist, denn weite Transporte verbrauchen viel Energie.

Glas, Plastik, Metall und Papier sind kein Müll. Sie werden wiederverwertet.

Nimm zum Einkaufen eigene Taschen mit und verwende keine Plastiktüten.

Schalte Fernseher und Stereoanlage ganz aus, sonst kostet es Strom.

Hänge Wäsche zum Trocknen auf. Trockner verbrauchen viel Energie.

Schlage deinen Eltern vor, das Dach isolieren zu lassen, um Heizkosten zu sparen.

Ziehe dich warm an, statt die Heizung höher zu drehen, wenn dir kalt ist.

Aus den Überresten von Pflanzen und Tieren, die vor Millionen von Jahren lebten.

Wichtige Wörter

Aas Die Überreste von toten Tieren, die andere Tiere fressen.

Abstoßung Die Kraft, die Dinge auseinanderdrückt. Die gleichen Pole von zwei Magneten stoßen sich ab.

Allesfresser Tiere, die Fleisch und Pflanzen fressen, z. B. Bären, Schweine, Menschen.

Anziehung Die Kraft, die Dinge zueinanderzieht. Die beiden entgegengesetzten Pole von Magneten ziehen sich an.

Arten Eine bestimmte Pflanzen- oder Tierart, z. B. Löwen oder Giraffen.

Bakterien Winzige, einzellige Wesen, die überall vorkommen. Manche verursachen Krankheiten.

Befruchtung Der Vorgang, bei dem die männlichen und weiblichen Teile von Lebewesen sich zur Fortpflanzung verbinden.

Biobrennstoff Brennstoff aus Überresten von Lebewesen. Holz oder Biogas aus Tierkot sind z. B. Biobrennstoffe.

Chlorophyll Der grüne Farbstoff in den Pflanzen.

DNA Ein Molekül, das alle Erbinformationen eines Lebewesens trägt.

Elektromagnet Ein starker Magnet, der entsteht, wenn Strom durch eine Spule fließt.

Erbanlagen Die Merkmale der Lebewesen, die von den Genen bestimmt werden.

Erosion Abtragen von Gestein durch Wind und Wasser.

Erze Minerale, aus denen Metalle gewonnen werden.

Fleischfresser Tiere, die nur Fleisch fressen, z. B. Löwen, Haie oder Krokodile.

Fossile Brennstoffe Reste toter Lebewesen, die unter der Erde lagern. Kohle, Erdöl und Erdgas sind fossile Brennstoffe.

Gemisch Eine Mischung aus mehreren Substanzen ohne chemische Verbindung.

Gene Winzige chemische Verbindungen, die die Erbinformation in sich tragen.

Gewebe Eine Gruppe von gleichartigen Zellen mit gleicher Funktion, z. B. Muskeln.

Globale Erwärmung Der weltweite langsame Anstieg der Durchschnittstemperatur.

Habitat Der Ort, an dem bestimmte Pflanzen und Tieren zusammenleben, z. B. ein Park.

Kalkstein Gestein, das im Lauf von Jahrtausenden aus den Schalen von Tieren entstanden ist.

Kohlenhydrate Eine Nährstoffgruppe, zu der z. B. Zucker und Stärke gehören. Andere Nährstoffgruppen sind Fette und Eiweiße.

Welches Wort bezeichnet die gesamte Natur, die uns umgibt?

Kontinent Eine der sieben großen Landmassen auf der Erde, z. B. Asien oder Afrika.

Kraft Ein Zug oder Druck. Die Schwerkraft zieht uns z. B. zum Erdboden.

Labor Ein Ort, an dem Forscher Experimente machen.

Mündung Das Gebiet, in dem ein Fluss ins Meer mündet.

Nährstoffe Nahrung oder chemische Stoffe, die Tiere und Pflanzen zum Wachsen und Überleben brauchen.

Nerven Gewebefäden, die Signale sehr schnell durch den Körper tragen.

Organ Ein Körperteil mit einer ganz bestimmten Aufgabe, z. B. das Herz.

Organische Stoffe Die Reste toter Pflanzen und Tiere. Sie sind ein wichtiger Bestandteil des Bodens, weil sie viele Nährstoffe enthalten.

Organismus Ein Lebewesen.

Parasit Ein schädlicher Organismus, der auf oder in anderen Pflanzen oder Tieren lebt.

Pflanzenfresser Tiere, die nur Pflanzen fressen, z. B. Kühe.

Satellit Ein natürlicher oder künstlicher Himmelskörper, der einen anderen umkreist. Der Mond ist ein natürlicher Satellit. Künstliche Satelliten umkreisen die Erde und senden Informationen, z. B. über das Wetter.

Sporen Spezielle Zellen, z. B. von Pilzen oder Farnen. Sporen können zu einem neuen Lebewesen heranwachsen.

Stausee Ein Speicher für Trinkwasser.

Stromkreis Ein geschlossener Kreis aus leitenden Stoffen, in dem elektrischer Strom fließt.

Teilchen Ein winziges Stück Materie, z. B. ein Atom oder Molekül.

Temperatur Das Maß für Wärme oder Kälte.

Transpiration Das Verdunsten von Wasser aus den Pflanzen in die Atmosphäre.

Umlaufbahn Die Bahn eines Himmelskörpers um einen anderen Himmelskörper.

Vakuum Ein leerer Raum, in dem es keine Luft gibt.

Verbindung Ein chemischer Stoff, der entsteht, wenn zwei oder mehr Elemente miteinander reagieren.

Wanderung Tiere, besonders Vögel, wandern von einem Ort zum anderen, um Futter, Wasser oder Wärme zu suchen.

Wirbellose Tiere Tiere, die keine Wirbelsäule besitzen.

Wirbelsäule Die Knochen, die den Rücken des Körpers tragen und beweglich machen.

Wirbeltiere Tiere, die eine Wirbelsäule besitzen.

Register

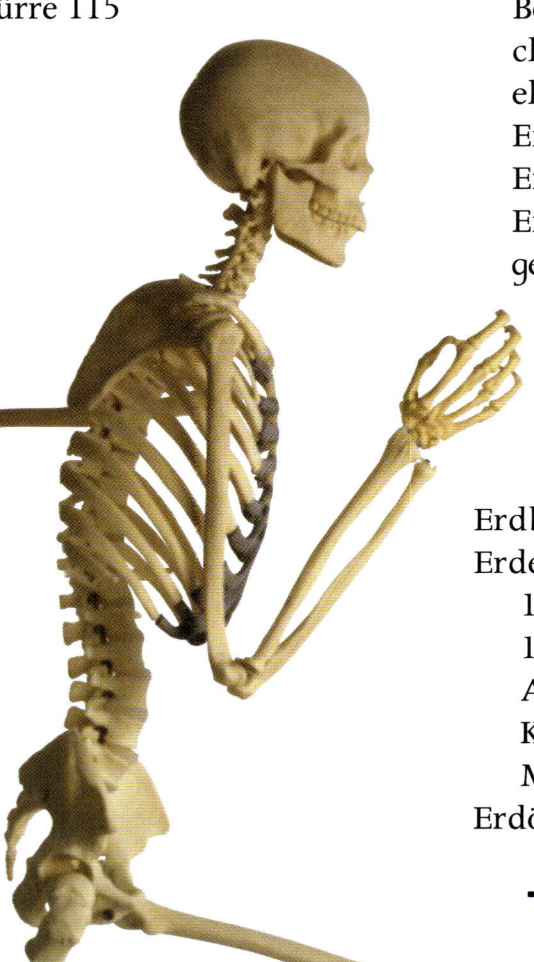

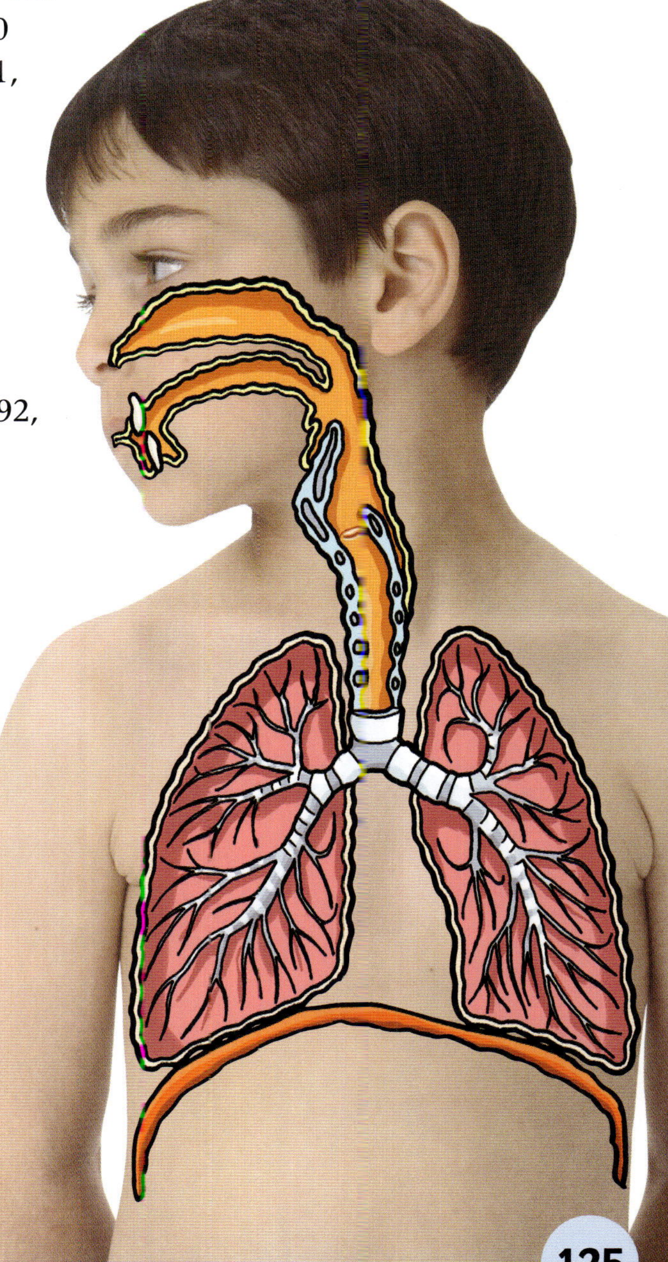

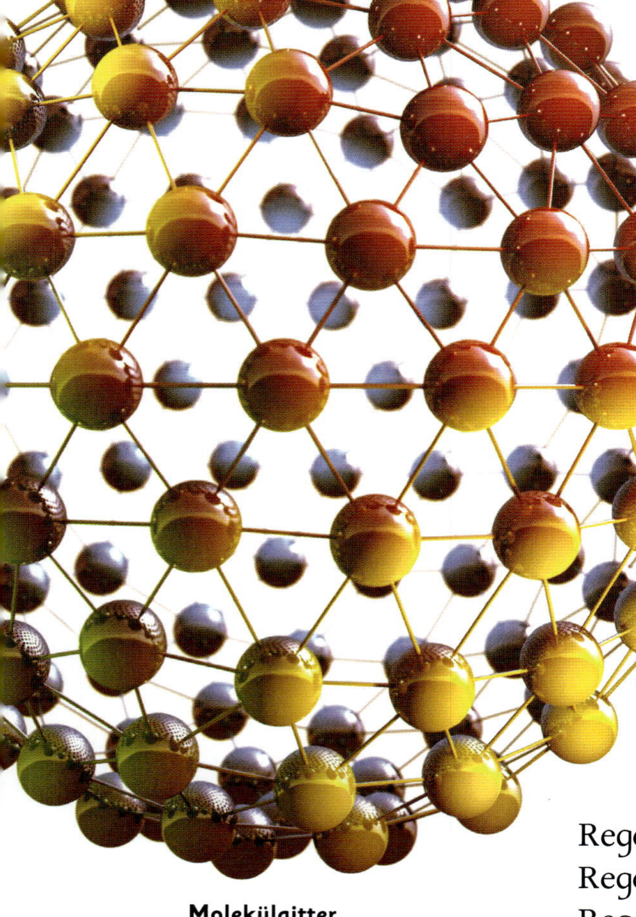
Molekülgitter

Bildnachweis

Der Verlag dankt den folgenden Personen und Institutionen für die freundliche Genehmigung zum Abdruck ihrer Bilder:

(Abkürzungen: o-oben; u-unten; m-Mitte; g-ganz; l-links; r-rechts;)

Alamy Images: Arco Images 113gor; Blickwinkel 43mro, 47ml; Andrew Butterton 121ul; Scott Camazine 27mr, 95ugr, 118mu; Nigel Cattlin 23mlo; croftsphoto 111gor; eye35.com 83ul; Clynt Garnham 74ul; Axel Hess 72ul; Marc Hill 107gor; D Hurst 27ur; image state/alamy 21r; Images of Africa Photobank 31gol; ImageState 110gul; David Keith Jones 109gor; K-Photos 15mr; Paul Andrew Lawrence 119gol; Oleksiy Maksymenko 55gor; mediablitzimages (uk) Limited 70mr; Natural History Museum, London 17ur; Ron Niebrugge 116gor; Edward Parker 114ur; Andrew Paterson 68ur; Pegaz 81ul; Phototake Inc 111m; RubberBall Productions 36r; Friedrich Saurer 27gol; SCPhotos/Dallas and John Heaton 47ul; Andy Selinger 43um; Stockfolio 9ul, 59ur; Adam van Bunnens 74um; Visual & Written SL 106ur; WoodyStock 106-107ur; **Ardea**: Valerie Taylor 43mr; **Corbis**: Stefano Bianchetti 6mlo; Car Culture 121mo; Lloyd Cluff 95mro, 102-103; Ecoscene 107gom; EPA 117gol; Martin Harvey 30-31u; Xiaoyang Liu 79mr; Michael Boys 108l; Charles E Rotkin 110ml; Paul J Sutton 13m; Pierre Vauthey 107gol; **DK Images**: Alamy/Index Stock/Terry Why 73mro, 84m; Courtesy of The Imperial War Museum, London 953719 9gol; Colin Keates 50ur; Colin Keates (c) Dorling Kindersley, Courtesy of the Natural History Museum, London 61mr, 105ur; Dave King/Courtesy of The Science Museum, London 56m, 56ml, 56mr; Richard Leeney 109mr; NASA 5r, 52mr, 53ul, 88r, 95gor, 99um, 99ul, 99mr, 100gor; Rough Guides/ Alex Robinson 44mu; Harry Taylor/Courtesy of the Natural History Museum, London 56gol; M I Walker 16-17; Greg Ward (c) Rough Guides 71ml; Barrie Watts 25ur, 51ml; Paul Wilkinson 9m; Jerry Young 44um; **FLPA**: Mike Amphlett 24ur; Dickie Duckett 39m; Frans Lanting 46mo, 87ur; D P Wilson 43mru; Martin B Withers 47r; Konrad Wothe 85ur; **Getty Images**: 64470-001 111gol; AFP 74gor; Philippe Bourseiller 106gol; Bridgeman Art Library 6gom; James Burke 103gor; Laurie Campbell 47mlu; Demetrio Carrasco 115gol; Georgette Douwma 14ul; Tim Flach 37gol; Jeff Foott 104-105m; Raymond Gehman 113ul; G K & Vicky Hart 91go; Thomas Mangelsen 47gol; Manzo Niikura 41gol; Joel Sartore 69m; Marco Simoni 106ml; Erik Simonsen 13gor; Philip & Karen Smith 102ul; Tyler Stableford 73mru, 89gor; Heinrich van den Berg 29mo; Frank Whitney 83r; Art Wolfe 31ur; Keith Wood 110-111m; **iStockphoto.com**: Rosica Daskalova 94ul; esemelwe 74mlu; Mark Evans 53mr, 61gol; Filonmar 61ur; Sergey Galushko 76mr; kcline 56ul; kiankhoon 74-75m; Jason Lugo 65; Michaelangeloboy 57l; Vladimir Mucibabic 67ur; Nikada 53ur, 71ur; nspimages 82ur; Jurga R 74mlo; Jan Rysavy 52u; Stephen Strathdee 21gor; Sylvanworks 69ml; **Mit freundlicher Genehmigung von Lockheed Martin Aeronautics Company, Palmdale**: 80ul, 85gor; **NASA**: 87ul, 96ul, 97gol, 101ml; GSFC 94ur, 96m; JPL 94um, 95ml, 95gom, 96gor, 97ul, 100m; JPL–Caltech/S Stolovy/Spitzer Space Telescope 95ul; MSFC 94gor; Skylab 98l; **NHPA/Photoshot**: Stephen Dalton 90ur; **Photolibrary**: 115m; BananaStock 62ul; Brand X 33mlo; Corbis 33gor; Paul Kay/OSF 20gor; Photodisc 56um, 119ul; Harold Taylor 43ur; **PunchStock**: Digital Vision 31go; **Science Photo Library**: 18mr, 80ur, 80-81, 116-117m; Samuel Ashfield 16m; BSIP, Chassenet 83gom, 83gol; Dr Jeremy Burgess 11gol; John Durham 19gor; Bernhard Edmaier 103gol; Vaughan Fleming 95mr, 105ul; Simon Fraser 79ml; Mark Garlick 96-97mo, 97gor; Gordon Garradd 96um; Adam Gault 17ml; Steve Gschmeissner 22gor; Health Protection Agency 81ur; Gary Hincks 116ul; Edward Kinsman 69ur; Ted Kinsman 7ul; Mehau Kulyk 32mr; G Brad Lewis 55ur; Dr Kari Lounatmaa 49mr; David Mack 16ul; Chris Madeley 78mr; Dr P Marazzi 38gol; Andrew J Martinez 100um, 100ur; Tony McConnell 73mr, 86mr; Astrid & Hanns-Frieder Michler 14m; Mark Miller 17mgl, 17gom, 17gol; Cordelia Molloy 78ul; NASA 95ur, 117m; National Cancer Institute 36l; NREL/US Department of Energy 54ur; Philippe Psaila 9um; Rosenfeld Images Ltd 67gol; Francoise Sauze 82ul; Karsten Schneider 116ur; Science Source 19gol; SPL 38ul; Andrew Syred 32m; Sheila Terry 109ml; US Geological Survey 8ur; Geoff Williams 75mr; Dr Mark J Winter 53mro, 59mr; **Shutterstock**: 2happy 64ur; Adisa 121m; Alfgar 79ur; alle 24mu, 28gol; Andresi 7mr; Apollofoto 115ul; Matt Apps 106mlu; Andrey Armyagov 9mro, 58ul; Orkhan Aslanov 13gol; Lara Barrett 26ul; Diego Barucco 101gor; Giovanni Benintende 5go, 96-97m; Claudio Bertoloni 7ur, 81gor; Mircea Bezergheanu 118-119gol; Murat Boylu 58mu, 64mru; T Bradford 66gor; Melissa Brandes 104m; Karel Brož 14ur; Buquet 37ml; Vladyslav Byelov 66ul; Michael Byrne 12u; Cheryl Casey 32mu; William Casey 4mr; cbpix 113m; Andraž Cerar 63ml; Bonita R Cheshier 60gor; Stephen Coburn 112-113mu; dani 92026 1; digitalife 4-5, 25mlo, 122-123; Pichugin Dmitry 4ul, 26-27mu, 54mlu, 107mr, 112-113mo; Denis Dryashkin 19mr; Neo Edmund 29mru; Alan Egginton 86m; Stasys Eidiejus 88gol; ELEN 56-57; Christopher Ewing 9mr; ExaMedia Photography 120gor; Martin Fischer 119mro; Flashon Studio 68ul; martiin fluidworkshop 82gol; Mark Gabrenya 2-3u, 22-23mu; Joe Gough 48l; Gravicapa 67gor; Julien Grondin 5m; Adam Gryko 48r, 49l; Péter Gudella 83mlu; Bartosz Hadynlak 75ml; Jubal Harshaw 22ur; Rose Hayes 47gom; Johann Hayman 42gor; Hannah Mariah/Barbara Helgason 71gom; Home Studio 60ur, 61ul, 127u; Chris Howey 86, 120gol; Sebastian Kaulitzki 8mr, 38m, 38mu, 39ul; Eric Isselée 28ur; Tomo Jesenicnik 64mlu; Jhaz Photography 73ul; Ng Soo Jiun 21ul; Gail Johnson 43gor; Kameel4u 77mu; Nancy Kennedy 27gor; Stephan Kerkhofs 44m; Tan Kian Khoon 37ul; Kmitu 40ul; Dmitry Kosterev 101mr; Tamara Kulikova 62mu, 100ul, 119um; Liga Lauzuma 42-43; Le Loft 1911 67ul; Chris LeBoutillier 73ur, 92gor; Francisco Amaral Leitão 111ur; Larisa Lofitskaya 25mr; luchschen 8ul; Robyn Mackenzie 69gol; Blazej Maksym 9gom; Hougaard Malan 22-23 (Hintergrund); Rob Marmion 33ur; Patricia Marroquin 5mlu; mashe 14mr; Marek Mnich 69gom; Juriah Mosin 41gom; Brett Mulcahy 73gol; Ted Nad 76gor; Karl Naundorf 72mr; Cees Nooij 60ul; Thomas Nord 13ur; Aron Ingi Ólason 44ur; oorka 120mr; Orientaly 81gol; Orla 15gor; pandapaw 28ml; Anita Patterson Peppers 73gor, 82gor; Losevsky Pavel 80go; pcross 82mu; PhotoCreate 11ml; Jelena Popic 53gor, 55gol; Glenda M Powers 30gor; Lee Prince 77mr; Nikita Rogul 54ul; rpixs 92-93m; Sandra Rugina 115mru; sahua d 88ul; Izaokas Sapiro 78ur; Kirill Savellev 106ul; Elena Schweitzer 12m; Serp 21mr, 71gor; Elisei Shafer 113ur; Kanwarjit Singh Boparai7 90ul; Igor Smichkov 114ml; Carolina K Smith, M D 58ml; ultimathule 59gol; Snowleopard1 15ur; Elena Solodovnikova 21ur, 21mro; steamroller_blues 63ur; James Steidl 8gol; teekaygee 26gol, 52-53, 87gol; Igor Terekhov 12mro; Leah-Anne Thompson 39gol; Mr TopGear 86ul; Tramper 108mu; Triff 87gor; Robert Paul van Beets 8um; Specta 29ul; vnlit 14gor; Li Wa 8m; Linda Webb 6mro; R T Wohlstadter 117mr; Grzegorz Wolczyk 63mr; Feng Yu 86mro; Jurgen Ziewe 6ur, 95mru, 98-99, 112ur; **SuperStock**: age fotostock 10ul

Cover: *Vorn*: **iStockphoto.com**: Ivan Dinev olm; Jan Kaliciak m. *Rücken*: **iStockphoto.com**: Serdar Yagci o.

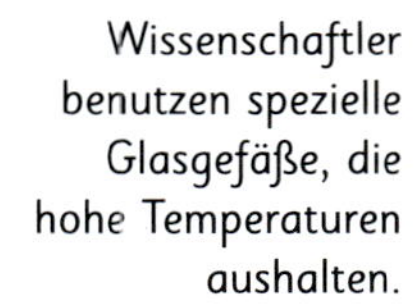

Wissenschaftler benutzen spezielle Glasgefäße, die hohe Temperaturen aushalten.